ڕامانی تاکەکەسیی کتێبی پیرۆز

چاپی نوێ

دێرک پرنس

وەرگێڕانی لە ئینگلیزییەوە: نەریمان تاهیر

ئەم کتێبە وەرگێڕانێکە لە کتێبی ئینگلیزی

Self Study Bible Course

Copyright © 1999, 2007, 2010 Derek Prince Ministries-International

Published by Derek Prince Ministries-UK 2011

Printed in the United Kingdom

All rights reserved.

- ناوی کتێب: ڕامانی تاکەکەسیی کتێبی پیرۆز
- نووسەر: دێرک پرنس
- وەرگێڕ: نەریمان تاهیر
- چاپی دووەم، ٢٠١٧
- تیراژ: (٥٠٠ دانە)

مافی چاپکردنی لەلایەن

Derek Prince Ministries-International

پارێزراوە

2

"هەوڵبدە ڕەزامەندی خودا بەدەستبهێنیت و

ببیت بە ئیشکەرێک کە شتێک نەکات مایەی شەرمەزاری بێت،

هەروەها هەوڵبدە وشەی ڕاستی بە ڕێگای ڕاست لێک بدەیتەوە."

دووەم تیمۆساوس ٢ : ١٥

ناوەڕۆک

ناساندن

ڕێنمایی ناوە کورتکراوەکانی کتێبی پیرۆز (پەیمانی کۆن)

ڕێنمایی ناوە کورتکراوەکانی کتێبی پیرۆز (پەیمانی نوێ)

وانەی یەکەم: کتێبی پیرۆز: وشەی یەزدان

وانەی دووەم: پلانی ڕزگاریی خودا (بەشی یەکەم)

وانەی سێیەم: پلانی ڕزگاریی خودا (بەشی دووەم)

وانەی چوارەم: تەعمیدکردن (کەی و چۆن و بۆچی؟)

وانەی پێنجەم: ڕۆحی پیرۆز

وانەی شەشەم: دەرەنجامەکانی تەعمیدکردن بە ڕۆحی پیرۆز

یەکەم هەڵسەنگاندنی گەشەسەندن

وانەی حەوتەم: نوێژ و پەرستن

وانەی هەشتەم: پلانی خودا بۆ شیفادانی جەستەمان (بەشی یەکەم)

وانەی نۆیەم: پلانی خودا بۆ شیفادانی جەستەمان (بەشی دووەم)

وانەی دەیەم: شایەتیدان و ڕزگارکردن

وانەی یازدەیەم: پلانی خودا بۆ خۆشگوزەرانی

دووەم هەڵسەنگاندنی گەشەسەندن

وانەی دوازدەیەم: پلانی تایبەتی خودا

وانەی سیزدەیەم: شکست و کڕینەوە

وانەی چواردەیەم: وێنەی عیسای مەسیح (بەشی یەکەم)

وانەی پازدەیەم: وێنەی عیسای مەسیح (بەشی دووەم)

وانەی شازدەیەم: پێغەمبەرێک وەک موسا

سێیەم هەڵسەنگاندنی گەشەسەندن

وانەی حەڤدەیەم: هاتنەوەی مەسیح

وانەی هەژدەیەم: نیشانەکانی هاتنەوەی مەسیح

وانەی نۆزدەیەم: دامەزراندنی شانشینی مەسیح لەسەر زەوی

کۆتا هەڵسەنگاندنی گەشەسەندن

وانەی بیستەم: پێداچوونەوە و جێبەجێکردنی تاکەکەسی (شەخسی)

کۆی نمرەی وانەکان

پیرۆزبایی کۆتایی

ناساندن

- ڕێنمایی بۆ خوێنەرانی ئازیزی ئەم ڕامانە تاکەکەسییە

تکایە پێش وەڵامدانەوەی هەر پرسیارێک، ڕەچاوی ئەمانەی خوارەوە بکە:

ئامانجی ئەم خولەی خوێندن و وردبوونەوە لە کتێبی پیرۆز

ئەم ڕامانە تاکەکەسییە چوار ئامانجی هەیە:

1. بناغەیەکی زانیاری کتێبی پیرۆزت پێشکەشدەکات کە لەسەری دەتوانیت ژیانێکی بەهێزی مەسیحی لەسەر بنیات بنێیت.
2. ڕاهێنان و مەشقت پێدەکات کە فێربیت چۆن بەدوای ئایەتەکانی کتێبی پیرۆزدا بگەڕێیت و پەیمان و بەڵێنەکانی یەزدان بدۆزیتەوە.
3. ڕاتدەهێنێت لەسەر شیکردنەوەی ئایەتەکانی کتێبی پیرۆز تاکو خۆت واتای دروستی ئایەتەکانت دەستبکەوێت.
4. ئەو عادەت و ڕەوشتەت تێدا دروستبکات کە تەنیا ئەو شتە ڕۆحییانە قبووڵبکەیت کە لە کتێبی پیرۆزدا سەلمێنراوە.

سیستەمی ناوهێنان و شایەتییەکانی کتێبی پیرۆز

خوێنەری ئازیز، دەبێت لەوە تێبگەیت کە هەر کتێبێک لە کۆی کتێبی پیرۆزدا لەکوێ دەدۆزرێتەوە و لەو سیستەمەش بگەیت کە تایبەتە بەناوی کتێبەکان و شێوازی بەکارهێنانیان لەم خولەدا. بۆ ڕوونکردنەوەی زیاتر دەتوانیت سەیری "کلیلی ناوە کورتکراوەکانی کتێبی پیرۆز" بکەیت. شایەتییەکان کتێبی پیرۆز بەم شێوەیە دەبێت: ناوی کتێب، بەش، ئایەت. بۆ نموونە: (ڕۆما ١: ١٦)؛ واتە کتێبی ڕۆما، بەشی یەک، ئایەتی شازدە. بەڵام ئەو کتێبانەی کە بەشیان نییە ئەوا ڕاستەوخۆ ژمارەی ئایەتەکە لەگەڵ ناوی کتێبەکەدا دێت. بۆ نموونە: (سێیەم یۆحەنا ١١)، واتە سێیەم نامەی یۆحەنا، ئایەتی یازدە.

چۆنیەتی خوێندنی ئەم ڕامانە تاکەکەسییە

لە سەرەتای هەر وانەیەکدا، پارچەیەک نووسین (پاراگرف) هەیە کە لەسەرەوەی نووسراوە "ناساندن." ئەم ناساندنە بە کورتی باسی ناوەڕۆکی ئەو وانەیە دەکات. پێش ئەوەی وەڵامی پرسیارەکان بدەیتەوە، هەمیشە بەباشی ئەم ناساندنە بخوێنەوە.

لە وانەی یەکەمدا (کتێبی پیرۆز: وشەی یەزدان)، بیست و چوار پرسیار هەیە. لەدوای هەر پرسیارێک، یەک یان چەند شایەتییەک لە ئایەتی کتێبی پیرۆز هەیە. وەڵامەکەت لەدوای هەر پرسیارێک بنووسە. بۆ ئەوەی بەباشی وەڵامبدەیتەوە، شوێن ئەم هەنگاوانە بکەوە:

- پرسیارەکە بەوردی و وریاییەوە بخوێنەوە.
- ئایەتەکە پەیدابکە و ئەوەندە بیخوێنەوە تاکو وەڵامەکەی تێدا پەیدادەکەیت. بۆ ئەوەی واتاکەی بەتەواوی و دروستی تێبگەیت، باشتر وایە کە ئایەتەکانی پێش و پاشیشی بخوێنیتەوە.
- وەڵامەکەی بە زمانێکی سادە بنووسە. واتە وشەی ئاسان و سادە لە وەڵامەکەتدا بەکاربێنە. ئەگەر هاتوو وەڵامێک لە چەند بەشێک پێکهاتبوو، باشتر وایە کە ژمارەیان بۆ دابنرێت. بۆ نموونە: ١) .... ٢) .... ٣) ....

بۆ ڕوونکردنەوەی زیاتر، وەڵامی دوو پرسیاری یەکەمی وانەی یەکەم بەم شێوەیەی خوارەوە دەبێت:

1. مەسیح بە نووسراوە پیرۆزەکانی چی دەگوت؟ (یۆحەنا ١٠: ٣٥)

وشەی خودا

---

2. مەسیح لەبارەی ئەو نووسراوە پیرۆزەوە چی گوت کە دەسەڵاتی خۆی دەردەخات؟ (یۆحەنا ١٠: ٣٥)

هەمیشە ڕاستی دەفەرموێت

سەیری (یۆحەنا ١٠: ٣٥) بکە، تاکو دڵنیابیت لە دروستی ئەم وەڵامانە.

لەبەرکردن و ئەزبەرکردن لە دڵەوە

لە سەرەتای هەر وانەیەکدا، دەقێکی کتێبی پیرۆز هەیە کە دەبێت لەبەریبکەیت و لەسەر پارچە کاغەزێکی بچووک بینووسیتەوە. لەلای خۆتی هەڵبگرە، بۆ هەموو شوێنێکی ببە. هەر کە دەرفەتت هەبوو، سەیرێکی

ئەو ئایەتە بکە و بەسەریدا بچۆوە. پێداچوونەوەی بەردەوام نهێنی سەرکەوتنی لەبەرکردن و ئەزبەرکردنە. بەم شێوەیە ئەو ئایەتە لە دڵتدا دەچەسپێت و هەرگیز بیرت ناچێتەوە. وشەی یەزدان، ڕێنمایی و هێز و خۆراکی ڕۆحی و سەرکەوتنت بەسەر شەیتاندا پێدەبەخشێت، هەروەها تۆوێکت پێدەدات کە لە دڵی خەڵکی دیکەشدا بیچێنیت.

شێوازی ئەنجامدانی ئەم خولە

وەڵامی هەموو پرسیارەکانی وانەی یەکەم بدەوە، پاشان کتێبی پیرۆز ببەستە و ئەو ئایەتەی کە لەبەرتکردووە لەو چەند دێڕەدا بنووسە کە لە کۆتایی وانەکەدا دانراوە. پاشان بڕۆ و سەیری وەڵامی پرسیارەکان بکە و بزانە چەند پرسیارت بەدروستی وەڵام داوەتەوە. ئەگەر هاتوو وەڵامەکەت هەڵەبوو، ئەوا دووبارە پرسیار و ئایەتە بەوردی بخوێنەوە تا ئەو کاتەی بە تەواوی وەڵامەکەیت دەستدەکەوێت. لە لاپەڕەی پاش وەڵامەکان، چەند تێبینییەک دەبینیت کە وەڵامەکانی زیاتر ڕوونکردوەتەوە. بەباشی ئەو تێبینییانە بخوێنەوە و ئەو ئایەتانەش تماشا بکە کە ئاماژەی پێکردووە.

لە کۆتاییدا بەپێی ئاستی دروستی وەڵامەکانت، نمرە بۆ خۆت دابنێ. تکایە فێڵ لە خۆت مەکە، ئەگەر شایانی بیست نمرەی، مەنووسە هەشتا. بیرت نەچێت کە نمرەدان بۆ بابەتی لەبەرکردن و ئەزبەرکردنی ئایەتەکان زۆر گرنگە. پاشان هەموو نمرەکان کۆبکەوە و سەیری ئەو سێ پێوەرە بکە کە لە بەشی خوارەوەی وەڵامە دروستەکاندا نووسراوە.

٥٠٪ تا ٧٠٪ دەرچوو

٧٠٪ تا ٨٠٪ زۆر باشە

٨٠٪ تا ٩٠٪ نایاب

دوو وانەی کۆتایی (١٣، ١٤)، هەندێک جیاوازە لەم شێوازە. لە سەرەتای هەر یەکێک لەو دوو بەشەدا ڕوونکردنەوەی پێویست دراوە.

بیرت نەچێت کە هەرگیز سەیری وەڵامە ڕاستەکان نەکەیت تا ئەو کاتەی وەڵامی هەموو پرسیارەکانت نەداوەتەوە، بە لەبەرکردنی ئایەتیشەوە. کاتێک وەڵامی هەموو وانەکانت دایەوە، ئەوکات وەرە و نمرەی هەموو وانەکان کۆبکەوە، دەبینیت کە دەستکەوتی گشتنی خولەکەت چەندبووە.

ئامۆژگاری تایبەتی کۆتایی

- هەر وانەیەک بە نوێژ دەستپێبکە. داوا لە یەزدان بکە کە ڕێنماییت بکات و تێگەیشتنت پێببەخشێت.
- پەلە مەکە. هەوڵ مەدە بە یەک دانیشتن هەموو خولەکە تەواوبکەیت. کاتێک ئایەتێک دەخوێنیت، هەوڵ بدە کە بە تەواوی لێی تێبگەیت و چەندی جار بیخوێنەوە. هەمیشە باشتر وایە کە چەند ئایەتێکی پێش و پاشی ئەو ئایەتە بخوێنرێتەوە تاکو لە واتا و مەبەستی تەواوی تێبگەیت.
- بە ڕێکوپێکی و بە خەتێکی جوان وەڵامەکانت بنووسە. با وەڵامەکانت لە ئاستی پێویست درێژتر نەبن. پێنووسێکی باشیش بەکاربێنە.
- گرنگییەکی تایبەت بدە بە بەشی لەبەرکردن و ئەزبەرکردنی ئایەتەکان.
- ڕۆژانە نوێژبکە کە یەزدان یارمەتیت بدات بۆ ئەوەی بتوانیت ئەو ڕاستییانەی لەم خولەوە فێردەبیت، لە ژیانی ڕۆژانەتدا جێبەجێی بکەیت.

ڕێنمایی ناوە کورتکراوەکانی کتێبی پیرۆز

ناوە کورتکراوەکانی پەیمانی کۆن

1. **شەریعەت**

پەیدابوون: پەی
دەرچوون: دەر
لێڤییەکان: لێڤ
سەرژمێری: سەر
دواوتار: دوا

2. **مێژوو**

یەشوع: یە
ڕابەران: ڕاب
ڕائوت: ڕا
یەکەم ساموئێل: یە. سام
دووەم ساموئێل: دوو. سام
یەکەم پاشایان: یە. پ
دووەم پاشایان: دوو. پ
یەکەم پوختەی مێژوو: یە. پوخت
دووەم پوختەی مێژوو: دوو. پوخت
عەزرا: عە
نەحەمیا: نە
ئەستێر: ئەس

3. **شیعر (هۆنراوە)**

ئەیوب: ئەی
زەبوورەکان: زەبوور
پەندەکانی سلێمان: پەند
ژیرمەندی: ژیر
گۆرانی گۆرانییەکان: گۆ

4. **پێغەمبەرە گەورەکان**

ئیشایا: ئی
یەرمیا: یەر
شینەکانی یەرمیا: شین
حزقیێل: حز
دانیال: دان

5. **پێغەمبەرە بچووکەکان**

هۆشەع: هۆ
یۆئێل: یۆل
ئامۆس: ئا
عۆبەدیا: عۆ
یونس: یو
میخا: می
ناحوم: ناح
حەبەقوق: حە
سەفەنیا: سەف
حەگەی: حە
زەکەریا: زە
مەلاخی: مە

ڕێنمایی ناوە کورتکراوەکانی کتێبی پیرۆز

ناوە کورتکراوەکانی پەیمانی نوێ

1. مزگێنییەکان

مەتا: مت

مەرقۆس: مر

لۆقا: لۆ

یۆحەنا: یۆ

2. مێژوو

کرداری نێردراوان: کردار

3. نامەکانی پۆڵس

ڕۆما: ڕۆ

یەکەم کۆرنسۆس: یە. کۆ

دووەم کۆرنسۆس: دوو. کۆ

گەلاتیا: گل

ئەفەسۆس: ئەف

فیلیپی: فل

کۆلۆسی: کۆل

یەکەم سالۆنیکی: یە. سا

دووەم سالۆنیکی: دوو. سا

یەکەم تیمۆساوس: یە. تم

دووەم تیمۆساوس: دوو. تم

تیتۆس: تت

فلیمۆن: فلی

عیبرانییەکان: عب

4. نامە گشتییەکان

یاقوب: یق

یەکەم پەترۆس: یە. پت

دووەم پەترۆس: دوو. پت

یەکەم یۆحەنا: یە. یۆ

دووەم یۆحەنا: دوو. یۆ

سێیەم یۆحەنا: سێ. یۆ

یەهوزا: یە

5. پێشبینی

ئاشکراکردن: ئش

وانەی یەکەم

کتێبی پیرۆز: وشەی یەزدان

ناساندن

کتێبی پیرۆز وشەی خودی یەزدانە. دیاری مەزنی یەزدانە بۆ هەموو مرۆڤەکان بەبێ جیاوازی. یەزدان ئەم دیارییەی پێشکەشکردین تاوکو لە گوناه و کەساسی و بەدبەختی و تاریکی ڕزگارمان بکات.

کتێبی پیرۆز، کتێبێکی ئاسایی نییە. هەموو وشەیەکی ڕاستە. وشەکانی پڕە لە هێز و دەسەڵاتی یەزدان. ئەو کەسانەی کە ئەم کتێبەیانەی نووسیوە، لەڕێگەی ڕۆحی پیرۆزەوە سروش (وەحی)یان وەرگرتووە. یەزدان هانیداون کە ڕێک ئەو ڕاستییە بنووسین کە ئەو پێیانی دەڵێت.

دەبێت بەجورێک کتێبی پیرۆز بخوێنینەوە وەک ئەوەی کە خودا خەریکە بەشێوەیەکی تاکەکەسی و ڕاستەوخۆ قسەمان لەگەڵ دەکات. خودا لەڕێگەی وشەکانیەوە زۆر شتی باشی پێبەخشیوین:

- ڕووناکی
- تێگەیشن
- خۆراکی ڕۆحی
- سەلامەتی جەستەیی

کتێبی پیرۆز دەسەڵاتی ئەوەی هەیە کە:

- پاکمان بکاتەوە
- پیرۆزمان بکات
- بنیاتمان بنێت
- کارێک بکات لە سروشتی یەزداندا بەشدار بین
- هێز و داناییمان دەداتێ تاکو بتوانین بەسەر خراپەدا زاڵبین

لەبەرکردنی دەق: (دووەم تیمۆساوس ٣: ١٦- ١٧)

تکایە هێمای ڕاست لەنێو ئەو چوارگەشەیەدا دابنێ ئەگەر هاتوو ئایەتەکەت لەبەرکرد. ☐

پرسیارەکانی وانەی یەکەم

1. مەسیح بە نووسراوە پیرۆزەکانی چی دەگوت؟ (یۆ ١٠: ٣٥)

....

2. مەسیح لەبارەی ئەو نووسراوە پیرۆزەوە چی گوت کە دەسەڵاتی خۆی دەردەخات؟ (یۆ ١٠: ٣٥)

....

3. دوو شت بنووسە کە داود لەبارەی وشەی یەزدانەوە پێماندەڵێت.

1) (زەبوور ١١٩: ٨٩) ....

2) (زەبوور ١١٩: ١٦٠) ....

4. کتێبی پیرۆز لەبنەڕەتدا چۆن هاتووە؟

1) (دوو. تم ٣: ١٦) ....

2) (دوو. پت ١: ٢٠- ٢١) ....

5. چ جۆرە تۆوێک دەبێت لە دڵەوە وەربگریت تاکو لەدایکبیتەوە و ژیانی هەتاهەتایی و ئەزەلی بەدەستبێنیت؟ (یە. پت ١: ٢٣)

....

6. چوار سوودی کتێبی پیرۆز بنووسە.

1) ....

2) ....

3) ....

4) ....

7. دەرەنجامی کۆتایی ئەو باوەڕدارە چییە کە وشەی یەزدان دەخوێنێت و ملکەچی فەرمانەکانی دەبێت؟ (دوو. تم ٣: ١٧).

....

8. یەزدان چ خۆراکێکی ڕۆحی بۆ ڕۆڵەکانی دابینکردووە؟ (یە. پت ۲: ۲، مت ٤: ٤)

....

9. وشەی خودا چەندە بەلای ئەیوبەوە گرنگ بوو؟ (ئەی ۲۳: ۱۲)

....

10. کاتێ یەرمیا وشەی خودای خوارد، وشەی یەزدان بۆی بووە چی؟ (یە ۱٥: ۱٦)

....

11. باوەڕدارێکی گەنج چۆن دەتوانێت بە پاک و پیرۆز ژیان بباتە سەر؟ (زەبوور ۱۱۹: ۹)

....

12. بۆچی دەبێت باوەڕدار وشەی یەزدان لە دڵیدا هەڵبگرێت؟ (زەبوور ۱۱۹: ۱۱)

....

13. کاتێک وشەی خودا لە دڵی باوەڕدارە لاوەکاندا نیشتەجێ دەبێت، ئەو دوو دەرەنجامە کامانەن کە کە لە ژیانیاندا بەرهەمیدێنێت؟ (یە یۆ ۲: ۱٤)

1) ....

2) ....

14. لەکاتی تاقیکردنەوەی مەسیح لەلایەن شەیتانەوە، مەسیح هەموو جارێک چۆن وەڵامی شەیتانی دەدایەوە؟ (مت ٤: ٤، ۷، ۱۰)

....

15. ئەو شمشێرە کامەیە کە یەزدان وەکو بەشێک لە چەکی ڕۆحی داویەتی بە باوەڕدارەکان؟ (ئەف ٦: ١٧)

....

16. ئەو دوو ڕێگایە کامانەن کە بەهۆیەوە وشەی خودا یارمەتی باوەڕدارەکان دەدات کە لەم دنیایەدا بژین؟ (زەبوور ١١٩: ١٠٥)

1) ....
2) ....

17. ئەو دوو شتە چییە کە وشەی یەزدان دەیبەخشێتە مێشکی باوەڕدار؟ (زەبوور ١١٩: ١٣٠)

1) ....
2) ....

18. وشەی یەزدان چی بە جەستەی ئەو باوەڕدارە دەبەخشێت کە بە وریایی و بەوردی دەیخوێنێتەوە؟ (پەند ٤: ٢٠- ٢٢)

....

19. کاتێک گەلی خودا نەخۆش و هەوجەدار (محتاج) بوون، یەزدان چی بۆ دابینکردن کە بووە هۆی چاکبوونەوە و ڕزگاربوونیان؟ (زەبوور ١٠٧: ٢٠)

....

20. لەم ئایەتانەی خوارەوە ئاماژە بە چوار شت بکە کە یەزدان بۆ گەلەکەی ئەنجامدەدات.

1) (یۆ ١٥: ٣، ئەف ٥: ٢٦) ....
2) (یۆ ١٧: ١٧) ....
3) (کردار ٢٠: ٣٢) ....
4) (کردار ٢٠: ٣٢) ....

21. چۆن باوەڕدار دەتوانێت خۆشەویستی خۆی بۆ عیسای مەسیح بسەلمێنێت؟ (یۆ ١٤: ٢١)

....

22. مەسیح بە کێی گوت دایک و برا؟ (لۆ ٨: ٢١)

....

23. چۆن خۆشەویستی یەزدان لە باوەڕداراندا تەواو دەبێت؟ (یە یۆ ٢: ٥)

....

24. ئەو دوو ئەنجامە کامەن کە لە ژیانماندا بەدەستیدێنین ئەگەر هاتوو پەیمان و بەڵێنەکانی یەزدانمان بردەسەر؟ (دوو پت ١: ٤)

1) ....

2) ....

لەبەرکردنی دەق: (دووەم تیمۆساوس ٣: ١٦- ١٧)

ئەم دوو ئایەتە لەبەر بنووسەوە.

....

....

....

....

....

....

....

....

تکایە مەڕۆ لاپەڕەکەی دیکە تاکو وەڵامی هەموو پرسیارەکان دەدەیتەوە.

نمره و وەڵامی دروستی پرسیارەکانی وانەی یەکەم

پرسیار	وەڵام	نمره
1	وشەی خودا	1
2	هەمیشه ڕاستی دەفەرموێت	1
3	1) هەتاهەتایه له ئاسمان نیشتەجێدەبێت 2) وشەکانت بەتەواوی ڕاسته	1 1
4	1) به وەحی خودا 2) پیاوە پیرۆزەکانی یەزدان دواون کاتێک ڕۆحی پیرۆز هانیداون	1 2
5	تۆوی پاکی وشەی خودا	2
6	1) فێرکردن 2) سەرزەنشکردن 3) ڕاستکردنەوە 4) ڕاهێنان لەسەر ڕاستودروستی	1 1 1 1
7	تەواو و ئامادە دەبێت بۆ ئەنجامدانی هەموو کارێکی باش	2
8	وشەی خودا	1
9	زیاتر له خۆراکی پێویست	1
10	خۆشی و شادی دڵی	1
11	دەبێت وشەی خودا بپارێزێت	2
12	تاکو بەرانبەر یەزدان گوناه نەکات	1
13	1) بەهێزیان دەکات 2) بەسەر شەیتاندا زاڵدەبن	1 1
14	لەڕێگەی وشەی نوسراوی یەزدانەوە وەڵامی دەدایەوە	1
15	وشەی یەزدان	1
16	1) وشەی خودا دەبێته چرا بۆ پێیان 2) وشەی خودا دەبێته ڕووناکی بۆ ڕێگایان	1 1

17	1) ڕووناکی 2) تێگەیشتن	1 1
18	سەلامەتی بۆ هەموو جەستەی	1
19	یەزدان وشەی خۆی نارد	1
20	1) پاکیان دەکاتەوە 2) پیرۆزیان دەکات 3) بنیاتیان دەنێت 4) میراتییەکیان پێدەبەخشێت	1 1 1
21	ئەگەر ڕاسپاردەکانی ئەوی لابێت و بیانپارێزێت	2
22	ئەوانەی کە گوێبیستی وشەی یەزدان بوون و دەیانپاراست	1
23	لەڕێگەی پاراستنی وشەی یەزدانەوە	1
24	1) بەشداردەبین لە سروشتی خودابیدا 2) لەدەست گەندەڵی ئەم دنیاییە ڕادەکەین	1 1

سەیری ئەو پارچە کاغەزە بکە کە ئایەتەکانت لەسەر نووسیوە. ئەگەر ئایەتەکانت بەباشی لەبەرنەکردووە ئەوا کتێبی پیرۆز بکەوە و ئەوەندە بیانخوێنەوە هەتا بەجوانی لەبەریاندەکەیت.

ئەگەر بەباشی لەبەرتکردن ئەوا بۆ هەر ئایەتێک چوار نمرە وەردەگریت. هەر وشەیەکیش بە هەڵە بنووسیت، نمرەیەکت لێ کەم دەبێتەوە. ئەگەر سێ هەڵەت کردبوو ئەوا هیچ نمرەیەک بەدەستناهێنیت.

پرسیارەکان دوو ئایەت	41 نمرە 8 نمرە
کۆی گشتی نمرەکان	49 نمرە

هەڵسەنگاندن: ٢٥ وەڵامی دروست= ٥٠٪، ٣٤ وەڵامی دروست= ٧٠٪، ٣٩ وەڵامی دروست= ٨٠٪

تێبینی وەڵامە دروستەکانی وانەی یەکەم

ئەم ژمارانەی خوارەوە پەیوەندی بە ژمارەی وەڵامە ڕاستەکانەوە هەیە.

1، 2. عیسای مەسیح بەبێ هیچ پرسیارێک نووسراوە پیرۆزەکانی وەکو وشەی بە وەحی هاتوو لە یەزدانەوە قبووڵکرد. بنەمای هەموو فێرکردنەکانی لەسەر ئەم نووسراوانە بنیاتنابوو. مەسیح تەواوی ژیانی لە ملکەچ بوون و جێبەجێکردنی ئەم نووسراوانەدا بەسەربرد.

3. وشەی خودا لە ئاسمانەوە دەستی پێکرد. ئەم وشانە لەلایەن مرۆڤەوە بڵاوکراونەتەوە. خودی یەزدان سەرچاوەی ئەو وشانەیە.

4. (1) "وەحی خودا" (دوو. تم ٣: ١٦)، واتە "هەناسە و فووی خودا." لە هەردوو زمانی عیبری و یۆنانیدا هەناسە و ڕۆح یەک واتایان هەیە.

5. چۆن "تۆوی پاک"ی یەزدان لە ئێمەدا کاردەکات؟ تۆوەکە لەڕێگەی باوەڕی دڵەوە بەدەستدێت. پاشان لەلایەن ڕۆحی پیرۆزەوە گەشەدەکات. پاشان ئەو تۆوە ژیانێکی خودایی و هەتاهەتایی و پاک بەرهەمدێنێت.

6، 7، 8. سەرنجی "هەموو نووسراوە پیرۆزەکان" لە (دوو. تم ٣: ١٦) و "هەموو وشەیەک" لە (مت ٤: ٤) بدە. دەبێت باوەڕدار هەموو کتێبی پیرۆز بخوێنێت و فێرکردنەکانی جێبەجێ بکات تاکو بتوانێت فێری هەموو نووسراوە پیرۆزەکان بێت.

8، 9، 10. وشەی خودا خۆراکی پێویست بۆ هەموو قۆناغێکی گەشەی ڕۆحی دابیندەکات: 1) "شیر" بۆ منداڵی ساوا (یە. پت ٢: ٢). 2) "نان" بۆ ئەوانەی کە گەشەدەکەن (مت ٤: ٤). 3) "خواردنی بەهێز" بۆ ئەوانەی کە تەواو پێگەیشتوون (لەڕووی ڕۆحییەوە تەواو پێگەیشتوون) (عب ٥: ١٢- ١٤).

11. دەبێت فێرکردنەکانی کتێبی پیرۆز لە هەموو بوارەکانی ژیانماندا جێبەجێ بکەین.

12. کەسێک گوتویەتی: "یان وشەی یەزدان لە گوناە دووردەخاتەوە یان گوناە لە وشەی یەزدانت دووردەخاتەوە."

13، 14، 15. له (ئەف ٦: ١٣- ١٧)دا پۆڵس باسی شەش چەکی ڕۆحی دەکات کە دەبنە هۆی پاراستنی تەواوی مەسیحییەکان. بەڵام تەنیا یەکێک لەو چەکانە هی هێرشکردنە، ئەویش "شمشێری ڕۆح"ـە (ئایەتی ١٧). هەموو باوەڕدارێک بەرپرسیاریەتی ئەوەی لەسەرە کە ئەم چەکە وەربگرێت کە وشەی یەزدانە.

16. سەیری (یە یۆ ١: ٧) بکە: "ئەگەر بە ڕووناکیدا بڕۆین ...." وشەی خودا ئەو ڕووناکییەیە کە دەبێت بەهۆیەوە بڕۆین، کە بەهۆیەوە دەتوانین لەکاتی ڕۆیشتندا بە تەواوی ببینین.

17، 18، 19. وشەی خودا پێویستییەکانی ڕۆح و مێشک و جەستەی باوەڕداران دابیندەکات.

20. 4) تەنیا لەڕێگەی وشەی خوداوە دەزانین کە میراتی تەواومان لەڕێگەی مەسیحەوە چییە و چۆن ئەو میراتییە بەدەستبێنین.

21، 22، 23. "پاراستنی وشەی خودا وەکو قوتابییەکی مەسیح جودات دەکاتەوە لە خەڵکی دیکە ...."

هەڵسوکەوتت بەرانبەر وشەی خودا واتە هەڵسوکەوتت بەرانبەر خودی خودا. ناتوانی خودات لە وشەکانی زیاتر خۆشبوێت. ناتوانی ملکەچی خودا بیت ئەگەر بێتو ملکەچی وشەکانی نەبیت. ناتوانی ڕێز لە خودا بگریت ئەگەر ڕێز لە وشەکانی نەگریت. ناتوانی لە دڵ و ژیانتدا شوێن بۆ وشەی خودا تەرخانبکەیت ئەگەر هاتوو شوێنت بۆ خودی خودا دابین نەکرد.

24. کاتێک باوەڕمان بە وشەی خودا کرد و ملکەچی بووین، سروشتی خودی خودا ژیانمان پڕدەکات و شوێنی سروشتە کۆن و خراپە مرۆییەکە دەگرێتەوە.

وانەی دووەم

پلانی ڕزگاریی خودا (بەشی یەکەم)

ناساندن

گوناه ئاکار و هەڵوێستە. گوناه هەڵوێستێکی یاخییە لە ناخی هەریەکێکماندا. دژی خودا یاخی دەبێت. گوناه دەگۆڕێت بە هەڵسوکەوتی و ئاکارێک کە دەبێتە هۆی دروستبوونی بۆشایی لەنێوان ئێمە و یەزداندا. بەم شێوەیە ئێمە هەموومان گوناهبارین. ژیانی پڕ لە گوناهمان، ئەو شکۆمەندییە دەدزێت کە یەزدان دەیەوێت و شایانیەتی.

گوناه سێ دەرەنجام یان سێ سزای هەیە:

1) مردنی ناخ، واتە ڕۆحمان دەمرێت
2) مردنی جەستە
3) هەتاهەتایە لە شوێنێکی تاریک و دوور لە یەزدان زیندانی دەکرێین و ئازار و ئەشکەنجە دەدرێین.

مەسیح هات تاکو لەدەست گوناهەکانمان ڕزگارمان بکات. مەسیح خۆی هەرگیز گوناهی نەکرد. بەڵام گوناهەکانی ئێمەی بە ئەستۆ گرت. لەجێگەی ئێمە گیانی سپارد، پاشان زیندووبووەوە. مەسیح ئەمەی ئەنجامدا تاکو ببەخشرێین و ژیانی جاویدانی و ئەزەلی لەگەڵ ئەو بەسەرببەین.

لەبەرکردنی دەق: (ڕۆما ٦: ٢٣)

تکایە هێمای ڕاست لەنێو ئەو چوارگەشەیەدا دابنێ ئەگەر هاتوو ئایەتەکەت لەبەرکرد. ☐

ڕۆژانە بەسەر ئایەتی وانەکانی پێشوودا بچۆوە.

پرسیارەکانی وانەی دووەم

A. گوناه و دەرەنجامەکانی

1. کێ هەموو شتێکی بەدیهێناوە؟ (ئش ٤: ١١)

....

2. سێ شت بنووسە کە یەزدان شایانی ئەوەیە وەریبگرێت. (ئش ٤: ١١)

1) ....
2) ....
3) ....

3. چەند کەس گوناهیان کردووە؟ (رۆ ٣: ٢٣)

....

4. ئەو دوو گوناهە کامانەن کە یەکەم جار مرۆڤ ئەنجامیدا؟ (رۆ ١: ٢١)

1) ....
2) ....

5. کاریگەری ئەو دوو گوناهە چی بوو لەسەر ئەمانەی خوارەوە؟ (ڕۆ ١: ٢١)

1) بیری مرۆڤ؟
2) دڵی مرۆڤ؟

6. دوو ڕاستی لەبارەی دڵی مرۆڤەوە بنووسە. (یەر ١٧: ٩)

1) ....
2) ....

7. تەنیا کێ هەموو ڕاستییەک لەبارەی دڵی مرۆڤەوە دەزانێت؟ (یەر ١٧: ١٠، لۆ ١٦: ١٥)

....

8. باسی سێزدە شتی خراپ بکە کە لە دڵی مرۆڤەوە سەرچاوە دەگرێت. (مر ٧: ٢١- ٢٢)

1) .... 2) ....
3) .... 4) ....
5) .... 6) ....
7) .... 8) ....
9) .... 10) ....
11) .... 12) ....
13) ....

9. ئەگەر بتوانین کارێکی باش بکەین بەڵام بەدەستی ئەنقەست نەیکەین، خودا بەمە چی دەڵێت؟ (یق ٤: ١٧)

....

10. ئەگەر بڵێین کە هیچ گوناهێکم نییە، ئەوا چی لە خۆمان دەکەین؟ (یە یۆ ١: ٨)

....

11. ئەگەر بڵێین کە گوناهمان نەکردووە، ئەوا خودا بە چی دادەنێین؟ (یە یۆ ١: ١٠)

....

12. گوناه چ سزایەکی هێناوەتە سەر مرۆڤ؟ (ڕۆ ٥: ١٢، ٦: ٢٣، یق ١: ١٥)

....

13. کۆتایی ئەو گوناهبارانەی کە تۆبە ناکەن چۆن دەبێت؟ (مت ٢٥: ٤١، ئش ٢٠: ١٢- ١٥)

....

14. هەشت جۆر خەڵک بنووسە کە فڕێدەدرێنە ناو دەریاچەی ئاگرەوە. (ئش ٢١: ٨)

1) .... 2) ....

(3) .... (4) ....
(5) .... (6) ....
(7) .... (8) ....

B. مەبەست و ئامانجی مردن و زیندووبوونەوەی عیسای مەسیح

15. مەبەست و ئامانجی عیسا چی بوو لە هاتنی بۆ سەر زەوی؟ (یە. تم ١: ١٥)

....

16. عیسا کێی بانگ کرد و پێشوازی لە کێ کرد؟ (مت ٩: ١٣، لۆ ١٥: ٢)

....

17. ئایا مەسیح هیچ گوناهێکی ئەنجامدا؟ (عب ٤: ١٥، یە. پت ٢: ٢٢)

....

18. عیسا لەسەر خاچ چی لەسەر ئێمە هەڵگرت؟ (یە. پت ٢: ٢٤)

....

19. بۆ چ مەبەستێک مەسیح لەسەر خاچ گیانی سپارد؟ (یە. پت ٣: ١٨)

....

20. ئەو سێ ڕاستییە کامانەن کە پۆڵس لەکاتی مزگێنیداندا لەبارەی مەسیحەوە فێری خەڵکی دەکرد؟ (یە. کۆ ١٥: ٣- ٤)

(1) ....
(2) ....
(3) ....

21. مەسیح هەتاهەتایە زیندووە، دەتوانێت چی بۆ ئەو کەسانە بکات کە باوەڕی پێدەهێنن؟ (عب ٧: ٢٥)

....

22. باسی سێ شت بکە کە ئێستا بەناوی عیسای مەسیحەوە پێشکەشی هەموو کەسێک دەکرێت. (لۆ ٢٤: ٤٧، کردار ٤: ١٢)

1) ....
2) ....
3) ....

لەبەرکردنی دەق: (ڕۆما ٦: ٢٣)

ئەم ئایەتە لەبەر بنووسەوە.

....

....

....

....

تکایە مەڕۆ لاپەڕەکەی دیکە تاکو وەڵامی هەموو پرسیارەکان دەدەیتەوە.

نمره و وەڵامی دروستی پرسیارەکانی وانەی دووەم

پرسیار	وەڵام	نمره
1	خودای پەروەردگار	1
2	1) شکۆ 2) ڕێز 3) توانا	1 1 1
3	هەموو گوناهیان کرد و لە شکۆی خودا کەوتن	1
4	1) یەزدانیان شکۆدار نەکرد 2) سوپاسگوزار نەبوون	1 1
5	1) لە بیرکردنەوەیان پووچەڵ بوون 2) دڵە گێلەکانیان تاریک بوو	1
6	1) لە هەموو شتێک فریودەرترە 2) دەرمانی نییە	1 1
7	خودای پەروەردگار	2
8	1) بیری خراپ 2) بەدڕەوشتی 3) داوێنپیسی 4) کوشتن 5) دزی 6) چڵێسی 7) خراپەکاری 8) هەڵخەڵەتاندن 9) بەرەڵایی 10) چاوپیسی 11) کفر 12) لوتبەرزی	1 1 1 1 1 1 1 1 1 1 1 1

	13) گێلی	1
9	خودا پێی دەڵێت گوناه	1
10	خۆمان هەڵدەخەڵەتێنین	1
11	خودا بە درۆزن دادەنێین	1
12	مردن	1
13	ئاگری هەتاهەتایی، دەریاچەی ئاگر، مردنی دووەم	1
14	1) ترسنۆکەکان 2) بێباوەڕەکان 3) قێزەونەکان 4) بکوژەکان 5) داوێنپیسەکان 6) جادووگەرەکان 7) بتپەرستەکان 8) درۆزنەکان	1 1 1 1 1 1 1 1
15	ڕزگارکردنی گوناهباران	1
16	عیسای مەسیح گوناهبارانی بانگکرد و پێشوازیلێکردن	1
17	نەخێر، هیچ گوناهێکی نەکرد	1
18	گوناهەکانمان	1
19	تاکو لە خودامان نزیک بکاتەوە	1
20	1) مەسیح لەپێناو گوناهەکانمان مرد 2) نێژرا 3) لە ڕۆژی سێیەمدا زیندووبووەوە	1 1 1
21	دەتوانێت بەتەواوی ڕزگاریان بکات	1
22	1) تۆبەکردن 2) لێخۆشبوونی گوناه 3) ڕزگاری	1 1 1

سەیری ئەو پارچە کاغەزە بکە کە ئایەتەکانت لەسەری نووسیوە. ئەگەر ئایەتەکانت بەباشی لەبەرنەکردووە ئەوا کتێبی پیرۆز بکەوە و ئەوەندە بخوێنەوە تا بە جوانی لەبەریاندەکەیت.

ئەگەر بەباشی لەبەرت کردن ئەوا بۆ هەر ئایەتێک چوار نمرە وەردەگریت. هەر وشەیەکیش بە هەڵە بنووسیت، نمرەیەکت لێ کەم دەبێتەوە. ئەگەر سێ هەڵەت کردبوو ئەوا هیچ نمرەیەک بەدەستناهێنیت.

پرسیارەکان یەک ئایەت	50 نمرە 4 نمرە
کۆی گشتی نمرەکان	54 نمرە

هەڵسەنگاندن: ٢٧ وەڵامی دروست= ٥٠٪. ٣٨ وەڵامی دروست= ٧٠٪. ٤٣ وەڵامی دروست= ٨٠٪

تێبینیی وەڵامە دروستەکانی وانەی دووەم

ئەم ژمارانەی خوارەوە پەیوەندی بە ژمارەی وەڵامە ڕاستەکانەوە هەیە.

1- 4. گوناهی مرۆڤ واتە جێبەجێنەکردنی فەرمانەکانی یەزدان. مرۆڤ بۆ شکۆدارکردنی یەزدان دروستکراوە (یە. کۆ ١١: ٧). هەر شتێک کە نەبێتە مایەی شکۆدارکردنی یەزدان پێی دەوترێت گوناە.

3. واتای ئەمە چییە؟ "هەموو لە شکۆی خودا کەوتن." تیرێک بهێنە بەرچاوت کاتێک دەیگریتە نیشانەیەک بەڵام تیرەکە بەر نیشانەکە ناکەوێت. لێرەدا دەتوانین ئەو نیشانەیە بە ژیانێک بەراوردبکەین کە ئامانجی لێی "شکۆدارکردنی یەزدان"ە. بەڵام کتێبی پیرۆز دەڵێت کە هیچ کەسێک نەیتوانیوە ئەو نیشانەیە بپێکێت (سەیری فل ٣: ١٤ بکە).

6، 7، 8. هەموو ئەم ئایەتانە باسی "دڵ" دەکەن. نیشانی دەدەن کە چی لە ناخی مرۆڤدایە.

8. هەموو ئەم گوناهانە لەلایەن هەموو کەسێکەوە ئەنجامنەدراوە. بەڵام تۆوی ئەم گوناهانە لە دڵی هەموو کەسێکدا هەیە. سنوورەکانی سروشتی ئاکار و بارودۆخ و مرۆڤەکانی دەوروبەری کەسەکە بڕیار لەسەر ئەوە دەدات کە ئایا ئەم تۆوانە کاتێک گەشە دەکەن دەبنە گوناە لە ژیانی کەسەکەدا یان نە.

9. ئێمە گوناە دەکەین بە ئەنجامدانی ئەو کارەی کە یەزدان قەدەغەی کردووە. هەروەها گوناە دەکەین کاتێک ئەو شتە ڕەتدەکەینەوە یان ئەنجامی نادەین کە یەزدان فەرمانی پێکردووین. بە هەمان شێوە گوناهبارین کاتێک شتی باش و دروست ئەنجام نادەین. (مت ٢٥: ٣، ٢٥، ٤٥) بخوێنەوە، هەموویان مەحکومکران بەهۆی ئەوەی کە ئەو کارانەیان نەکرد. کۆمەڵە پاکیزەیەکی گێل و نەفامن، خزمەتکارێکی ناپاکن و نەتەوەیەکی بزنن.

13. دەبێت جیاوازی نێوان ئەم دوو شوێنە بزانین:

1) جیهانی مردووان، بە عیبری پێی دەڵێن "شیۆل" و بە یۆنانیش "هادیس." ڕۆحی بێباوەڕان تا هاتنی ڕۆژی دوایی و حوکمی کۆتایی لێرە دەمێننەوە.

2) دەریاچەی ئاگر (دۆزەخ). دوای هەستانەوە و ڕۆژی دوایی بێباوەڕان لێرەدا ئازار دەچێژن (ئش ٢٠: ١٢- ١٥). دەریاچەی ئاگر کۆتا شوێنی بێکۆتایی و هەتاهەتاییە بۆ خراپەکارەکان و فریشتە کەوتوەکان.

14. کەسە بێباوەڕ و ترسنۆکەکان مەحکوم دەکرێن. ئایا چەند کەسی دیندار لەناو بێباوەڕ و ترسنۆکەکاندا جێیان دەبێتەوە؟

18. سەردەمانێک بەپێی شەریعەتی موسا، قوربانی دەبووە هۆی داپۆشینی "گوناه" (عب ١٠: ١- ٤). بەڵام لەڕێگەی مردنی مەسیحەوە، گوناە بۆ هەمیشە وەلاوەنرا (عب ١٠: ١١- ١٨).

19. گوناهی نەبەخشراو دەبێتە هۆی جیاکردنەوەی یەزدان و مرۆڤ (ئیش ٥٩: ٢). عیسای مەسیح لەسەر خاچ گوناهی نەهێشت. ئیتر، مرۆڤ دەتوانێت بگەڕێتەوە بۆلای یەزدان. ئێستا سنوورەکان لەلای مرۆڤن و لەلای خودا هیچ سنور و ئاستەنگییەک نییە کە ڕێگە بە ڕۆیشتنمان نەدات بۆ لای.

20. "باوەڕ" لەسەر ڕاستی بنیاتدەنرێت. ئینجیل و مزگێنی لەسەر ئەم سێ ڕاستییە بنیاتنراوە کە ڕووداوێکی مێژوویی ڕاستەقینەیە.

21. لە (عب ٧: ٢٥) "بە تەواوی" واتە هەموو پێویستییەکانی ئێستا و هەتاهەتایی هەموو گوناهباران. بۆ هەمیشە و هەتاهەتایە، عیسای مەسیح زیاتر لە پێویستە بۆ هەموو کەسێک.

وانەی سێیەم

پلانی ڕزگاریی خودا (بەشی دووەم)

ناساندن

خودا لەڕێگەی باوەڕمان بە عیسای مەسیح ڕزگاریمان پێشکەش دەکات. لەڕێگەی باوەڕمان بە عیسای مەسیح ڕزگارکراوین نەوەک لەڕێگەی دین و ئەنجامدانی کاری باش.

بۆ قبوڵکردنی ڕزگاری خودا، پێویستە:

1) دان بە گوناهەکانماندا بنێین و تۆبە بکەین (واز لە گوناه بێنین).
2) باوەڕمان بەوە هەبێت کە عیسا بۆ هەریەک لە ئێمە گیانی سپارد و پاشان زیندووبووەوە.
3) بە باوەڕ مەسیحی زیندووبووەوە وەکو ڕزگاکاری تاکەکەسی خۆمان قبوڵبکەین.
4) بە ئاشکرا ڕایبگەیەنین کە مەسیح پەروەردگار و ڕزگارکارمانە (بە خەڵکی دیکە بڵێ کە مەسیح پەروەردگار و ڕزگارکارە).

ئەگەر مەسیح بەم شێوەیە قبوڵبکەین، ئەمانە ڕوودەدات:

- دێت و تاهەتایە لە دڵماندا دەژیێت.
- ژیانی ئەزەلی و جاویدانیمان پێدەبەخشێت.
- توانامان دەداتێ تاکو بە ڕاستودروستی بژین.
- سەرماندەخات بەسەر گوناهەدا.

لەبەرکردنی دەق: (یۆحەنا ١: ١٢- ١٣)

تکایە هێمای ڕاست لەنێو ئەو چوارگەشەیەدا دابنێ ئەگەر هاتوو ئایەتەکەت لەبەرکرد. ☐

ڕۆژانە بەسەر ئایەتی وانەکانی پێشوودا بچۆوە.

پرسیارەکانی وانەی سێیەم

C. چۆن ڕزگاری بەدەستبهێنین

23. کەی دەبێت داوای ڕزگاری بکەین؟ (دوو. کۆ ٦: ٢، پەند ٢٧: ١)

....

24. بە ئیشی باشی خۆمان دەتوانین ڕزگارمان بێت؟ (ئەف ٢: ٨- ٩، تت ٣: ٥)

....

25. بە جێبەجێکردنی شەریعەت دەتوانین ڕزگارمان بێت؟ (ڕۆ ٣: ٢٠)

....

26. ئەو دوو شتە کامەن کە دەبێت ئەنجامی بدەین ئەگەر موشتاقی بەزەیی خودا بووین؟ (پەند ٢٨: ١٣).

1) ....
2) ....

27. ئەگەر دان بە گوناهەکانماندا بنێین، ئەو دوو شتە باشە چییە کە یەزدان بۆمانی ئەنجامدەدات؟ (یە یۆ ١: ٩)

1) ....
2) ....

28. بە چ ڕێگەیەک خودا دڵمان لە گوناه پاکدەکاتەوە؟ (یە یۆ ١: ٧)

....

29. ئەگەر ئارەزووی ڕزگاربوون بکەین، ئەو دوو شتە چییە کە دەبێت ئەنجامی بدەین؟ (ڕۆ ١٠: ٩- ١٠)

1) لەگەڵ دڵمان؟ ....
2) لەگەڵ زارمان؟ ....

30. ئەگەر بچینە لای عیسای مەسیح، ئایە ڕەتمان دەکاتەوە؟ (یۆ ٦: ٣٧)

....

31. ئەگەر دڵمان بە ڕووی عیسادا بکەینەوە، ئەو لەبەرانبەردا چ بەڵێنێکی پێداوین؟ (ئش ٣: ٢٠)

....

32. ئەگەر مەسیح قبوڵبکەین، چیمان پێدەبەخشێت؟ (یۆ ١: ١٢)

....

33. لە ئەنجامدا چ ئەزموونێکمان دەبێت؟ (یۆ ١: ١٣، ٣: ٣)

....

34. کاتێک عیسای مەسیح قبوڵدەکەین، خودا لەڕێگەی مەسیحەوە چیمان پێدەبەخشێت؟ (ڕۆ ٦: ٢٣)

....

35. ئایا دەتوانین بزانین کە ژیانی جاویدانی و هەتاهەتاییمان هەیە یان نە؟ (یە یۆ ٥: ١٣)

....

36. خودا لەڕێگەی مەسیحەوە چیمان پێدەبەخشێت؟ (یە یۆ ٥: ١١)

....

37. ئەگەر عیسای مەسیحی کوڕی خودا قبوڵبکەین، چیمان بۆ دەبێت؟ (یە یۆ ٥: ١٢- ١٣)

....

D. ڕزگاری توانای زاڵبوون بەسەر دونیا و شەیتانمان پێدەبەخشێت

38. دوای قبوڵکردنی مەسیح، بە باوەڕ کێ لە دڵماندا دەژییێت؟ (گل ۲: ۲۰، ئەف ۳: ۱۷)

....

39. لەڕێگەی ئەو توانا و هێزەی کە عیسا پێمان دەبەخشێت، دەتوانین چی بکەین؟ (فل ٤: ۱۳)

....

40. ئەگەر لەبەردەم خەڵکدا دان بە عیسا بنێیت و قبوڵی بکەیت، ئەوا عیسا چیمان بۆ دەکات؟ (مت ۱۰: ۳۲)

....

41. ئەگەر لەبەردەم خەڵکی عیسا ڕەتبکەینەوە، ئەوا عیسا چیمان بۆ دەکات؟ (مت ۱۰: ۳۳)

....

42. چ جۆرە کەسێک دەتوانێت بەسەر جیهان و تاقیکردنەوەکانیدا سەربکەوێت؟

1) (یە یۆ ٥: ٤) ....

2) (یە یۆ ٥: ٥) ....

43. بۆچی ڕۆڵەکانی خودا دەتوانن بەسەر جیهاندا سەرکەون؟ (یە یۆ ٤: ٤)

....

44. با کام دوو شت، گەلی خودا بەسەر شەیتاندا زاڵدەبن؟ ئش ۱۲: ۱۱)

1) ....

2) ....

45. یەزدان بەڵێنی داوە کە لە ئاسمان کێ وەکو ڕۆڵەی خۆی قبوڵبکات؟ (ئش ۲۱: ۷)

....

لەبەرکردنی دەق: (یۆحەنا ١: ١٢- ١٣)

ئەم دوو ئایەتە لەبەر بنووسەوە.

....

....

....

....

....

....

....

....

تکایە مەڕۆ لاپەڕەکەی دیکە تاکو وەڵامی هەموو پرسیارەکان دەدەیتەوە.

نمرە و وەڵامی دروستی پرسیارەکانی وانەی سێیەم

پرسیار	وەڵام	نمرە
23	ئێستا، ئەمڕۆ	1
24	نەخێر	1
25	نەخێر	1
26	1) دان بە گوناهەکانماندا بنێین	1
	2) واز لە گوناهەکانمان بێنین	1
27	1) لە گوناهەکانمان خۆشدەبێت	1
	2) لە هەموو ناڕەواییەک پاکمان دەکاتەوە	1
28	لەڕێگەی خوێنی عیسای مەسیحی کوڕی خودا	1
29	1) لە دڵەوە باوەڕ بەوە بکەین کە خودا عیسای زیندووکردەوە	1
	2) بە زارمان دان بە پەروەردگاربوونی عیسادا بنێین	1
30	نەخێر	1
31	بەڵێنی داوە کە بێتە ژوورەوە	1
32	مافی ئەوەمان دەداتێ کە ببین بە ڕۆڵەی خودا	1
33	لە خوداوە لەدایکدەبین (جارێکی دیکە لەدایکدەبینەوە)	1
34	ژیانی هەتاهەتایی و جاویدانی	1
35	بەڵێ (یۆحەنای قوتابی باسی ئەمەی کردووە)	1
36	خودا لەڕێگەی عیسای مەسیحەوە ژیانی هەتاهەتایی پێبەخشیوین	2
37	ژیانی هەتاهەتایی و جاویدانی	1
38	عیسای مەسیح لە دڵماندا دەژیێت	1
39	دەتوانین هەموو ئەو شتانە ئەنجامبدەین کە یەزدان داوامان لێدەکات	1
40	لەبەردەم باوکی ئاسمانیدا دانمان پێدادەنێت	1
41	لەبەردەم باوکی ئاسمانی نکۆڵیمان لێدەکات	1
42	1) ئەوەی لە یەزدانەوە بووە (لەڕێگەی باوەڕەوە)	1

	2) ئەوەی کە باوەڕ بەوە دەکات کە عیسا کوڕی خودایە	1
43	چونکە ئەوەی لە ڕۆڵەکانی خودایە گەورەترە لەوەی لەواندایە	2
44	1) بە خوێنی بەرخەکە (عیسا) 2) بە شایەتییەکانیان	1 1
45	ئەوەی سەردەکەوێت	1

سەیری ئەو پارچە کاغەزە بکە کە ئایەتەکانت لەسەری نووسیوە. ئەگەر ئایەتەکانت بە باشی لەبەرنەکردووە ئەوا کتێبی پیرۆز بکەوە و ئەوەندە بیانخوێنەوە تا بە جوانی لەبەریاندەکەیت.

ئەگەر بەباشی لەبەرت کردن ئەوا بۆ هەر ئایەتێک چوار نمرە وەردەگریت. هەر وشەیەکیش بە هەڵە بنووسیت، نمرەیەکت لێ کەم دەبێتەوە. ئەگەر سێ هەڵەت کردبوو ئەوا هیچ نمرەیەک بەدەستناهێنیت.

پرسیارەکان دوو ئایەت	30 نمرە 8 نمرە
کۆی گشتی نمرەکان	38 نمرە

هەڵسەنگاندن: ١٩ وەڵامی دروست= ٥٠٪. ٢٧ وەڵامی دروست= ٧٠٪. ٣٠ وەڵامی دروست= ٨٠٪

تێبینیی وەڵامە دروستەکانی وانەی سێیەم

ئەم ژمارانەی خوارەوە پەیوەندی بە ژمارەی وەڵامە ڕاستەکانەوە هەیە.

24، 25. کتێبی پیرۆز باسی ئەوە دەکات کە مرۆڤەکان ناتوانن خۆیان ڕزگاربکەن یان خۆیان ڕاستودروست بکەن. مرۆڤەکان بەبێ نیعمەتی خودا ناتوانن ڕزگاریان بێت. ئەو نیعەتی ڕزگارییە تەنیا لەڕێگەی باوەڕ بە مەسیح بەدەستدێت.

25. شەریعەت بە مەبەستی ڕاستودروستی مرۆڤەکان نەدراوە. شەریعەت بۆ ئەوەیە کە بزانی گوناهباریت و ناتوانی خۆت ڕزگاربکەیت (رۆ ٣: ٢٠، ٧: ٧- ١٣).

26. ناتوانی بەزەیی خودا بەدەستبێنیت ئەگەر هاتوو تەنیا دانت بە گوناهەکانتدا نا بەڵام وازت لە گوناهەکانت نەهێنا (ئی ٥٥: ٧).

27. کاتێک خودا لە گوناهی گوناهبارێک خۆشدەبێت، لەهەمان کاتدا دڵیشی پاکدەکاتەوە. هەرکە گوناهبارەکە دڵی پاکبووەوە، چیدیکە لەسەر ئەو گوناهانە بەردەوام نابێت کە دانیپێدا ناوە.

28. مرۆڤەکان خۆیان هیچ چارەسەر و دەرمانێکیان بۆ دڵی گوناهباریان نییە. تەنیا خوێنی عیسای مەسیح دەتوانێت پاکی بکاتەوە و چاکی بکاتەوە.

29. (2) "داننان بە پەروەردگاربوونی مەسیح"دا وەرگێڕانێکی ورد و دروستە (یە. کۆ ١٢: ٣، فل ٢: ١١).

31. وتەکانی مەسیح لە (ئش ٣: ٢٠) ئاڕاستەی کەنیسەیەک کراوە لە لاودیکیە. ئەم کەنیسەیە خۆی بە مەسیحی دەزانی. بەڵام ئەوەتا دەبینین کە مەسیح داوادەکات ڕێگەی بدەن بچێتە ژوورەوە. ئایا لەم ڕۆژگارەدا چەند کەنیسەی دیکە بەم شێوەیەن؟ بەڵێنی "هاتنە ژوورەوە"ی مەسیح هەریەک لە ئێمەش دەگرێتەوە. بەڵێنەکەی مەسیح بۆ خودی کەنیسە نییە بەڵکو بۆ تاکەکانی کەنیسەیە. قبوڵکردنی مەسیح هەمیشە بڕیارێکی تاکەکەسی و شەخسییە.

32. ماف، یان ئەگەر ڕاستر بیڵێین، دەسەڵات

33. (یۆ ۳: ۱- ۷) پێمان دەڵێت کە دەبێت دووبارە لەدایکببینەوە. (یۆ ۱: ۱۲- ۱۳) چۆنیەتی لەدایکبوونەوەمان (لە خودا)وە پێدەڵێت. دەبێت مەسیح وەکو ڕزگارکاری شەخسی و تایبەتی قبووڵبکەین بۆ ئەوەی بتوانین دووبارە لەدایکببینەوە.

34. لە (ڕۆ ٦: ۲۳)دا بەراوردی "کرێ" و "دیاری" بکە. سەرنجی ئەم جیاوازییە بدە: "کرێ"= پارەی دادپەروەرانەی ئەو گوناهەی کە ئەنجامی دەدەین؛ "دیاری"= بەخششی بێبەرانبەری نیعمەتی خودا کە شایانی وەرگرتنی نین.

38. هەروەک چۆن ژیان لە مەسیحدا بە باوەڕ دەستپێدەکات بەهەمان شێوەش بەردەوام دەبێت. وەک چۆن مەسیحت وەکو پەروەردگار قبولکردووە، بەهەمان شێوەش بەیەکبوون لەگەڵ ئەو بژی (کۆل ۲: ٦). بە باوەڕ مەسیحمان وەرگرتووە، هەربۆیە بە باوەڕیش بەیەکبوون لەگەڵ ئەو دەژین (دوو. کۆ ٥: ۷).

39. (فل ٤: ۱۳) دەڵێت: "دەتوانم هەموو شتێکی بکەم بەهۆی مەسیحەوە کە بەهێزم دەکات."

40، 41. مەسیح سەرۆک کاهینی دانپێدانانمانە (عب ۳: ۱). واتە مەسیح وەکو سەرۆک کاهینی ئێمە کاردەکات. لەلای باوکی ئاسمانی بەرگریمان لێدەکات. بەڵام ئەم کارە ناکات تا دانیپێدانەنێین. ئەگەر دان بە مەسیحدا نەنێین ئەوا هیچ کاهێنێکی باڵامان نییە تاکو لەلای باوک بەرگریمان لێبکات. بەراورد بکە لەنێوان (عب ٤: ١٤) و (عب ١٠: ٢١- ٢٣). یان دان بە مەسیحیدا دەنێیت یان نکوڵی لێدەکەیت، هیچ شتێکی دیکە لە ناوەڕاستی ئەو دوو بڕیارەدا نییە.

44. "بە خوێنی بەرخەکە و شایەتیدانمان" (ئش ١٢: ١١). دەبێت شەخسەن شایەتی بدەیت لەسەر ئەوەی کە وشەی خودا چی دەڵێت لەبارەی ئەوەی کە خوێنی مەسیح کردوویەتی بۆمان. ئەمانە هەندێک لەو قازانجە مەزنانەن کە بەهۆی خوێنی مەسیحەوە بەدەستمان دەگات: بە خوێن کڕینەوە (ئەف ١: ٧)، پاکبوونەوە (یە یۆ ١: ٧)، بێتاوانبوون (ڕۆ ٥: ٩)، پیرۆزبوون (عب ١٣: ١٢).

45. سەیری (ڕۆما ١٢: ٢١) بکە. لەکۆتاییدا تەنیا دوو بژاردەمان لەبەردەستدا دەبێت، سەرکەوتن یان دۆڕان. هیچ شتێکی دیکە لە نێوان ئەم دوو بڕیارەدا نییە.

وانەی چوارەم

تەعمیدی ئاو (کەی و چۆن و بۆچی؟)

ناساندن

مەسیح فەرمووی: "ئەوەی باوەڕدەهێنێت و تەعمید دەکرێ، ڕزگاری دەبێت" (مر ١٦: ١٦). ڕێگای ڕزگاری یەزدان هەر وەکو خۆیەتی: یەکەم جار باوەڕهێنان و پاشان تەعمیدکردن.

باوەڕکردن بە مەسیح دەبێتە هۆی گۆڕینی دڵمان. تەعمیدی ئاو کردارێکی دەرەکییە و بەڵگەی ملکەچبوونمانە بۆ خودا و لەو ڕێگەیەوە شایەتی دەدەین. نیشانی دەدەین کە گۆڕانکارییەکە لە ناخمان و لە دڵمان ڕوویداوە.

تەعمید لەگەڵ ناشتن و زیندووبوونەوەی مەسیح دەمانکاتە یەک. بەهۆی تەعمیدەوە دادەبڕێین لە ژیانی کۆنی گوناە و دۆڕاندن. بەهۆی هەبوونی هێز و توانای خودا لە ئێمەدا، لە ئاوەکە دێینە دەرەوە و ڕاستودروست و سەرکەوتوو دەژین.

ئایەتەکانی ئەم وانەیە زۆر بەڕوونی و بەوردی پێمان دەڵێت کە کەی و چۆن و بۆچی دەبێت تەعمیدبکرێین.

لەبەرکردنی دەق: (ڕۆما ٦: ٤)

تکایە هێمای ڕاست لەنێو ئەو چوارگەشەیەدا دابنێ ئەگەر هاتوو ئایەتەکەت لەبەرکرد. ☐

ڕۆژانە بەسەر بەسەر ئایەتی وانەکانی پێشوودا بچۆوە.

پرسیارەکانی وانەی چوارەم

1. مەسیح هۆکاری تەعمیدکردن بۆ چ دەگەڕێنێتەوە؟ (مت ٣: ١٥)

....

2. ڕۆحی پیرۆز چۆن دڵخۆشی خۆی بۆ تەعمیدکردنی مەسیح دەربڕی؟ (مت ٣: ١٦)

....

3. کاتێک مەسیح تەعمیدکرا، باوکی ئاسمانی چی فەرموو؟ (مت ٣: ١٧)

....

4. ئایا عیسا چووە ناو ئاو کاتێک تەعمیدکرا؟ (مت ٣: ١٦)

....

5. بەپێی فەرمایشتی مەسیح ئەگەر کەسێک بیەوێت ڕزگاربێت، دوای ئەوەی باوەڕی بە پەیامی ڕاستەقینەی خودا هێنا، دەبێت چی بکات؟ (مر ١٦: ١٦)

....

6. ئەو شتە چی بوو کە مەسیح بە قوتابییەکانی گوت کە ئەنجامیبدەن پێش ئەوەی خەڵکی تەعمیدبکەن؟ (مت ٢٨: ١٩)

....

7. مەسیح لەڕێگەی قوتابییەکانیەوە ئەم پەیامەی بۆ کێ نارد؟ (مت ٢٨: ١٩)

....

8. مەسیح چاوەڕێی دەکرد کە خەڵکی دوای تەعمیدکردن چی بکەن؟ (مت ٢٨: ٢٠)

....

9. پەترۆس بە خەڵکی گوت کە پێش تەعمید دەبێت چی بکەن؟ (کردار ٢: ٣٨)

....

10. پەترۆس گوتی کە چەند کەس دەبێت تەعمیدبکرێن؟ (کردار ٢: ٣٨)

....

11. ئەو خەڵکە چۆن هەڵسوکەوتیان نواند کاتێک بە دڵخۆشییەوە پەیامی خودایان قبوڵ کرد؟ (کردار ٢: ٤١)

....

12. خەڵکی سامیرە چییان کرد کاتێک باوەڕیان بە مزگێنییەکەی فیلیپۆس کرد؟ (کردار ٨: ١٢)

....

13. ئەو شتە چی بوو کە فیلیپۆس بە وەزیرە حەبەشییەکەی گوت کە دەبێت پێش تەعمیدکردنی ئەنجامی بدات؟ (کردار ٨: ٣٧)

....

14. وەزیرە حەبەشییەکە چۆن وەڵامی دایەوە؟ (کردار ٨: ٣٧)

....

15. ئایا وەزیرە حەبەشییەکە چووە ناو ئاو بۆ ئەوەی تەعمیدبکرێت؟ (کردار ٨: ٣٨)

....

16. وەزیرەکە چ هەستێکی هەبوو کاتێک تەعمیدکرا؟ (کردار ٨: ٣٩)

....

17. دوای ئەوەی کە کۆرنیلیۆس و هاوڕێکانی ڕزگاریان بوو و ڕۆحی پیرۆزیان وەرگرت، پەترۆسی قوتابی فەرمانی پێکردن کە دەبێت چی بکەن؟ (کردار **١٠: ٤٤- ٤٨**)

....

18. بەرپرسی بەندیخانەکەی فیلیپی و خێزانەکەی چییان کرد دوای ئەوەی کە باوەڕیان بە پەیامەکەی پۆڵس کرد؟ (کردار **١٦: ٢٩- ٣٣**)

....

19. قوتابییەکانی ئەفەسۆس چییان کرد دوای ئەوەی کە باوەڕیان بە پەیامەکەی پۆڵس کرد؟ (کردار **١٩: ٤- ٥**)

....

20. لەکاتی تەعمیدکردندا بەشداری لە کام دوو ئەزموونەی مەسیح دەکەین؟ (ڕۆ **٦: ٤**، کۆل **٢: ١٢**)

1) ....

2) ....

21. پۆڵس دەڵێت کە باوەڕدار لەدوای تەعمیدکردنی دەبێت چۆن بژیێت؟ (ڕۆ **٦: ٤**)

....

22. ئایا لەدوای تەعمیدکردن، هیچ جیاوازییەک هەیە لەنێوان ڕەگەزە جیاوازەکان؟ (گل **٣: ٢٦- ٢٨**)

....

23. ئەو دوو نموونەی تەعمیدکردنە کامانەن کە لە پەیمانی کۆندایە و لەهەمان کاتدا پەیمانی نوێ باسی کردووە؟

1) (یە. کۆ ١٠: ١- ٢) (دەر ١٤: ٢١- ٢٢) ....
....

2) (یە. پت ٣: ٢٠- ٢١) (پەی ٦- ٧) ....
....

لەبەرکردنی دەق: (ڕۆما ٦: ٤)

ئەم ئایەتە لەبەر بنووسەوە.

....
....
....
....

تکایە مەڕۆ لاپەڕەکەی دیکە تاکو وەڵامی هەموو پرسیارەکان دەدەیتەوە.

نمره و وەڵامی دروستی پرسیارەکانی وانەی چوارەم

نمره	وەڵام	پرسیار
2	چونکە ئاوا لە ئێمە دەوەشێتەوە تاکو هەموو ڕاستودروستییەک بێتەدی	1
2	ڕۆحی پیرۆز وەکو کۆترێک هاتەخوارەوە و لەسەری نیشتەوە	2
2	ئەمە کوڕی خۆشەویستمە ئەوەی کە زۆر پێی دڵشادم	3
1	بەڵێ	4
1	دەبێت تەعمیدبکرێت	5
1	بیانکەنە قوتابی	6
1	هەموو نەتەوەکان	7
2	پابەندبن بە هەموو ئەو شتانەی کە مەسیح ڕایسپاردوون ئەنجامی بدەن	8
1	تۆبە بکەن	9
1	هەمووکەسێک	10
1	تەعمیدکران	11
1	تەعمیدکران	12
1	لەناخی دڵییەوە باوەڕ بکات	13
1	باوەڕم بەوە هەیە کە عیسای مەسیح کوڕی خودایە	14
1	بەڵێ	15
1	بەدڵخۆشییەوە ڕۆیشت	16
1	تەعمیدبکرێن	17
1	تەعمیدکران	18
1	تەعمیدکران	19
1 1	1) ناشتنی 2) زیندووبوونەوەی	20
2	دەبێت ژیانێکی نوێ بەسەرببات	21
1	نەخێر، هیچ جیاوازییەک نییە	22

23	1) نەوەی ئیسراییل لە دەریای سوور پەڕینەوە 2) نوح و خێزانەکەی لە لافاوەکە ڕزگاریان بوو	2 2

سەیری ئەو پارچە کاغەزە بکە کە ئایەتەکانت لەسەری نووسیوە. ئەگەر ئایەتەکانت بەباشی لەبەرنەکردووە ئەوا کتێبی پیرۆز بکەوە و ئەوەندە بیانخوێنەوە تا بە جوانی لەبەریاندەکەیت.

ئەگەر بەباشی لەبەرت کردن ئەوا بۆ هەر ئایەتێک چوار نمرە وەردەگریت. هەر وشەیەکیش بە هەڵە بنووسیت، نمرەیەکت لێ کەم دەبێتەوە. ئەگەر سێ هەڵەت کردبوو ئەوا هیچ نمرەیەک بەدەستناهێنیت.

پرسیارەکان یەک ئایەت	32 نمرە 4 نمرە
کۆی گشتی نمرەکان	36 نمرە

هەڵسەنگاندن: ١٨ وەڵامی دروست= ٥٠٪. ٢٥ وەڵامی دروست= ٧٠٪. ٢٩ وەڵامی دروست= ٨٠٪

تێبینیی وەڵامە دروستەکانی وانەی چوارەم

ئەم ژمارانەی خوارەوە پەیوەندی بە ژمارەی وەڵامە ڕاستەکانەوە هەیە.

1- 4. تەعمیدکردنەکەی یەحیا "تەعمیدی تۆبەکردن" بوو کە دانت بە گوناهەکانتدا دەنا (مر ١: ٤- ٥). بەڵام عیسای مەسیح هیچ گوناهێکی نەبوو تاکو تۆبە بکات و دانیپێدابنێت، بەڵام لەڕێگەی تەعمیدکردنەوە ملکەچی خۆی بۆ ویست و خواستی یەزدان نیشاندا. بەم جۆرە بوو بو نموونەیەک بۆ کەسانی دیکەش. مەسیح ئاماژەی بەم هۆکارە کرد: " ئاوا لە ئێمە دەوەشێتەوە تاکو هەموو ڕاستودروستییەک تەواو بکەین" (مت ٣: ١٥).

وشەی "ئاوا (بەم شێوەیە)" دەگەڕێتەوە بۆ نموونە تەواوەکەی تەعمیدکردنی مەسیح: دەچێتە ناو ئاو و پاشان دێتە دەرەوە. "لە ئێمە دەوەشێتەوە" دەگەڕێتەوە بۆ نموونەی تەواوی ملکەچییەکەی کە هەموو باوەڕدارە دڵسۆزەکان شوێنی بکەون. "هەموو ڕاستودروستییەک تەواو بکەین" تەواوترین هۆکارمان دەداتێ: هەموو ڕاستودروستییەک بەدی بێنین.

باوەڕدار یەکەم جار لەڕێگەی باوەڕی بە مەسیح ڕاستودروست دەبێت پاشان ئەم ڕاستودروستییە ناوەکییە لەڕێگەی کرداری دەرەکی تەعمیدکردنەوە تەواودەکات کە ملکەچبوونی باوەڕدارەکە دەردەخات. ئەگەر بەم شێوەیە لە تەعمیدکردن تێبگەین ئەوا باوەڕدار قایلدەبێت کە بە ناوی باوک و کوڕ و ڕۆحی پیرۆز تەعمیدبکرێت.

5، 6، 9، 13. پێش ئەوەی کەسێک تەعمیدبکرێت، دەبێت ئەم سێ مەرجەی خوارەوە جێبەجێ بکات:

1) فێری سروشت و هۆکاری تەعمیدکردن بکرێت.
2) دان بە گوناهەکانیدا بنێت و تۆبەبکات.
3) عیسای مەسیح وەکو کوڕی خودا قبوڵبکات.

7، 10، 11، 12، 17، 18، 19. عیسای مەسیح بە قوتابییەکانی فەرموو کە تەعمیدکردن بۆ هەموو گەل و نەتەوەکانە. نابێت هیچ گەل و نەتەوەیەک پشتگوێ بخرێت. هەربۆیە دەبینین کە پەیمانی نوێ

باسی ئەوە دەکات کە هەموو باوەڕدارە نوێیەکان بەبێ هیچ دواکەوتنێک تەعمیدکراون. لە زۆر حاڵەتدا لە هەمان ڕۆژی باوەڕهێنانیاندا تەعمیدکراون. هەرگیز تەعمیدکردنەکەیان ماوەیەکی زۆری نەخایاندووە، واتە ماوەی نێوان باوەڕهێنان و تەعمیدکردنیان زۆر کەم بووە. هیچ هۆکارێک لەبەردەستدا نییە کە ئەم شێوازەی کەنیسە سەرەتاییەکان جێبەجێ نەکرێت و دەبێت چاو لەم جۆرە نموونانە بکەین.

8، 20، 21. تەعمیدکردن واتە باوەڕداری مەسیحی، بەئاشکرا لە ناشتن و زیندووبوونەوەی مەسیحدا بەشداریدەکات. دوای تەعمیدکردن دەبێت بە ڕاستودروستی بژین. بەهۆی هێز و توانا و نیعمەتی یەزدانەوە، باوەڕدار دەتوانێت ژیانێکی ڕاستودروست بباتەسەر.

23. 1) لە (یە. کۆ ١٠: ١- ٢) باسی دوو تەعمیدی گەلی خودا کراوە: لە هەور و لە دەریا." تەعمیدکردن " لە هەور"دا وێنەی تەعمیدکردنە بە ڕۆحی پیرۆز. تەعمیدکردن "لە دەریا" وێنەی تەعمیدکردنە بە ئاو. 2) بە باوەڕ نوح و خێزانەکەی چوونە ناو کەشتییەکەوە (= مەسیح). پاشان لەناو کەشتییەکەدا ئاوی لافاوەکەیان تێپەڕاند (= تەعمیدکردن)، هەربۆیە لەدەست حوکم و دادوەری یەزدان ڕزگاریان بوو. لە ژیانە دوور لە خودایی و خراپەکەی پێشتریان دوورکەوتنەوە و دەستیان بە ژیانێکی تەواو نوێ کرد.

وانەی پێنجەم

ڕۆحی پیرۆز

ناساندن

عیسای مەسیح لە تەواوی خزمەتەکەیدا لەسەر زەوی بەتەواوی پشتی بە ڕۆحی پیرۆز دەبەست. پێش نیشتنەوەی ڕۆحی پیرۆز لەسەر عیسا لە ڕووباری ئوردن، هیچ مزگێنییەکی نەدەدا و بە هیچ جۆرێک پەرجووشی ئەنجامنەدەدا. دوای هاتنی ڕۆحی پیرۆز، هەموو شتێکی بە هێز و توانای ڕۆحی پیرۆز ئەنجامدەدا.

عیسا پێش ئەوەی بچێت بۆ ئاسمان، بەڵێنێکی بە قوتابییەکانی دا. بەڵێنی دا کە ڕۆحی پیرۆزیان لە ئاسمان بۆ دەنێرێت. ڕۆحی پیرۆزی نارد تاکو ئەمانیش ڕۆحی پیرۆزیان هەبێت. ڕۆحی پیرۆز یارمەتیدەریان بوو، هەروەها هەموو پێداویستییە ڕۆحییەکانیانی دابیندەکرد. پەیمانی ناردنی ڕۆحی پیرۆز لە ڕۆژی پەنجایەمیندا هاتەدی، کاتێک هەموو قوتابییەکان بە ڕۆحی پیرۆز تەعمیدکران. ڕۆحی پیرۆز بووە یارمەتیدەریان و هەموو پێداویستییە ڕۆحییەکانیانی دابیندەکرد.

لەبەرکردنی دەق: (کرداری نێردراوان ٢: ٣٨- ٣٩)

تکایە هێمای ڕاست لەنێو ئەو چوارگەشەیەدا دابنێ ئەگەر هاتوو ئایەتەکەت لەبەرکرد. ☐

ڕۆژانە بەسەر ئایەتی وانەکانی پێشوودا بچۆوە.

پرسیارەکانی وانەی پێنجەم

1. خودای باوک بە چی عیسای مەسیحی بۆ خزمەتەکەی زەوی دەستنیشان کرد؟ (کردار ١٠: ٣٨)

....

2. یەحیای تەعمیدکار بینی چی لەسەر عیسا نیشتەوە؟ (یۆ ١: ٣٢- ٣٣)

....

3. عیسا فەرمووی چی لەسەریەتی کە توانای پێداوە مزگێنی بدات و خزمەتی هەژاران بکات؟ (لۆ ٤: ١٨)

....

4. مەسیح فەرمووی کە بە چ هێزێک ڕۆحە پیسەکان دەردەکات؟ (مت ١٢: ٢٨)

....

5. مەسیح بە قوتابییەکانی فەرموو کە دوای گەڕانەوەی بۆ ئاسمان لەلای باوک کێیان وەکو یارمەتیدەر بۆ دەنێرێت؟ (یۆ ٤: ١٦، ٢٦، ١٥: ٢٦)

....

6. مەسیح لەبەرانبەر وشەی یارمەتیدەردا، چ دەستەواژەیەکی دیکەی بەکارهێنا ؟ (یۆ ١٤: ١٧، ١٥: ٢٦)

....

7. باسی دووان لەو کارانە بکە کە مەسیح بە قوتابییەکانی گوت کە ڕۆحی پیرۆز بۆیان ئەنجامدەدات؟ (یۆ ١٤: ٢٦)

1) ....

2) ....

8. مەسیح بە قوتابییەکانی فەرموو کە ڕۆحی پیرۆز بە چ ڕێگەیەکی دیکە یارمەتی قوتابییەکانی دەدات؟ (یۆ ١٦: ١٣)

....

9. باسی دوو ڕێگە بکە بەهۆیەوە ڕۆحی پیرۆز مەسیح بۆ قوتابییەکانی دەردەخات؟

1) (یۆ ١٥: ٢٦) ....

2) (یۆ ١٦: ١٤) ....

10. مەسیح بە قوتابییەکانی فەرموو کە چ کاتێک هێز وەردەگرن و لە ئۆرشەلیم دەبنە شایەت بۆی؟ (کردار ١: ٨)

....

11. یەحیای تەعمیدکار بە خەڵکەکەی گوت کە مەسیح چییان بۆ دەکات؟ (مر ١: ٨)

....

12. پێش ئەوەی عیسا بگەڕێتەوە بۆ ئاسمان، چ بەڵێنێکی بە قوتابییەکانی دا؟ (کردار ١: ٥)

....

13. عیسا بە قوتابییەکانی چی فەرموو کە بیکەن هەتا ئەوکاتەی کە ئەم بەڵێنە دێتەدی؟ (لۆ ٢٤: ٤٩)

....

14. لە چ ڕۆژێکدا ڕۆحی پیرۆز کە مەسیح بەڵێنی ناردنی دابوو، هاتەسەر قوتابییەکان؟ (کردار ٢: ١-٤)

....

15. بۆچی نەدەکرا لەکاتی خزمەتی مەسیح لەسەر زەوی، ڕۆحی پیرۆز بە قوتابییەکانی بدرابا؟ (یۆ ٧: ٣٩)

....

16. دوای ئەوەی کە مەسیح گەڕایەوە بۆ شکۆی خۆی و لەلای دەستەڕاستی خودا دانیشت، چی لە باوک وەرگرت؟ (کردار ٢: ٣٣)

....

17. ئەو بێباوەڕانەی کە لە ڕۆژی پەیجایەمیندا ئامادەبوون، چۆن زانییان کە قوتابییەکانی ڕۆحی پیرۆزیان وەرگرتووە؟ (کردار ٢: ٣٣)

....

18. بێباوەڕەکان گوێیان لێبوو کە قوتابییەکان بە هێزی ڕۆحی پیرۆز چی دەکەن؟ (کردار ٢: ٧- ١١)

....

19. یەزدان لە کۆتایی ئەم ڕۆژگارەدا بەڵێنی داوە کە ڕۆحی پیرۆزی خۆی بەسەر کێدا بڕژێت؟ (کردار ٢: ١٧)

....

20. پەترۆس دەڵێت کە دیاری بەڵێنپێدراوی ڕۆحی پیرۆز بۆ کێیە؟ (کردار ٢: ٣٩)

....

21. خودای باوک چ دیارییەکی باش دەدات بە هەموو ئەو ڕۆڵانەی کە داوای دیاری لێدەکەن؟ (لۆ ١١: ١٣)

....

لەبەرکردنی دەق: (کرداری نێردراوان ٢: ٣٨- ٣٩)

ئەم دوو ئایەتە لەبەر بنووسەوە.

....

....

....

....

....

....

....

....

تکایە مەڕۆ لاپەڕەکەی دیکە تاکو وەڵامی هەموو پرسیارەکان دەدەیتەوە.

نمره و وەڵامی دروستی پرسیارەکانی وانەی پێنجەم

پرسیار	وەڵام	نمره
1	بە ڕۆحی پیرۆز و بە هێز و توانا	1
2	ڕۆحی پیرۆز لەشێوەی کۆترێک	1
3	ڕۆحی خودا	1
4	بە ڕۆحی خودا	1
5	یارمەتیدەر (ڕۆحی پیرۆز)	1
6	ڕۆحی ڕاستی	2
7	1) هەموو شتێکتان فێردەکات 2) هەموو فەرمان و ڕاسپاردەکانی عیسایان بەبیردێنێتەوە	1 2
8	بەرەو هەموو ڕاستییەکیان دەبات	1
9	1) شایەتی بۆ عیسا دەدات 2) عیسا شکۆدار دەکات	1 1
10	کاتێک ڕۆحی پیرۆز دێتە سەریان	1
11	بە ڕۆحی پیرۆز تەعمیدیان دەکات	1
12	پاش چەند ڕۆژێکی دیکە بە ڕۆحی پیرۆز تەعمید دەکرێن	2
13	لە ئۆرشەلیم بمێننەوە هەتا ئەوکاتەی لە ئاسمانەوە هێزتان لەبەردەکرێت	2
14	ڕۆژی پەنجایەمین	1
15	چونکە مەسیح هێشتا شکۆدار نەببوو	1
16	بەڵێنی ڕۆحی پیرۆز	1
17	بینییان و بیستیان	1
18	بە زمانی ئەو وڵاتانە دەدوان کە پیاوەڕان لێوەی هاتبوون	2
19	بەسەر هەموو کەسێکدا	1
20	بۆ ئێوە و منداڵەکانتان و بۆ هەموو ئەوانەی دوورن، بۆ هەموو ئەوانەی کە یەزدانی پەروەردگارمان بانگییان دەکات	3

1	ڕۆحی پیرۆز	21

سەیری ئەو پارچە کاغەزە بکە کە ئایەتەکانت لەسەری نووسیوە. ئەگەر ئایەتەکانت بەباشی لەبەرنەکردووە ئەوا کتێبی پیرۆز بکەوە و ئەوەندە بیانخوێنەوە تا بە جوانی لەبەریاندەکەیت.

ئەگەر بەباشی لەبەرتکردن ئەوا بۆ هەر ئایەتێک چوار نمرە وەردەگریت. هەر وشەیەکیش بە هەڵە بنووسیت، نمرەیەکت لێ کەم دەبێتەوە. ئەگەر سێ هەڵەت کردبوو ئەوا هیچ نمرەیەک بەدەستناهێنیت.

پرسیارەکان دوو ئایەت	30 نمرە 8 نمرە
کۆی گشتی نمرەکان	38 نمرە

هەڵسەنگاندن: ١٩ وەڵامی دروست= ٥٠٪. ٢٧ وەڵامی دروست= ٧٠٪. ٣٠ وەڵامی دروست= ٨٠٪

تێبینیی وەڵامە دروستەکانی وانەی پێنجەم

ئەم ژمارانەی خوارەوە پەیوەندی بە ژمارەی وەڵامە ڕاستەکانەوە هەیە.

1- 5. وشەی "مەسیح" لە وشەی یۆنانی "دەستنیشانکراو"ەوە هاتووە، لە زمانی عیبریشدا "مەسایا (مەسیح)" بەکارهاتووە کە ڕێک بە واتای "دەستنیشانکراو" دێت. عیسا بوو بە مەسیح (مەسایا) کاتێک ڕۆحی پیرۆز لە ئاسمانەوە هات و لەسەری نیشتەوە، دوای ئەوەی لەلایەن یەحیاوە لە ڕووباری ئوردن تەعمیدکرا.

نازناوی "مەسیح، مەسایا" دەرخەری ئەو ڕاستییەیە کە خزمەتی عیسا لەسەر زەوی بەهۆی دەسنیشانکردنی ڕۆحی پیرۆزەوە بوو. یەزدان هەمان دەستنیشانکردنی ڕۆحی پیرۆزی بۆ هەموو باوەڕداران دەوێت. "ئەوە خودایە کە دەستنیشانی کردووین، ئێمە لەگەڵ ئێوەدا بە یەکگرتن لەگەڵ مەسیح دەچەسپێنێت" (دوو. کۆ ١: ٢١). "ئێوەش ئەو دەستنیشانکردنەی لە ئەوتان وەرگرتووە، لە ئێوەدا چەسپاوە." (دوو یۆ ٢: ٢٧).

واتە مەسیحییەکانی "دەستیشانکراون." ئەگەر دەتەوێت قوتابییەکی باشی مەسیح بیت، ئەوا دەبێت بەتەواوی پشت بە ڕۆحی پیرۆز ببەستیت. عیسای مەسیح خۆی پشتی بە رۆحی پیرۆز دەبەست، بەم شێوەیە ڕێگەکەی نیشانداین.

5، 6. "یارمەتیدەر، پارێزەر" وشەیەکی دیکەیە کە لەجێگەی ڕۆحی پیرۆز بەکارهاتووە. یارمەتیدەر ئەو کەسەیە کە بۆت دەپاڕێتەوە و بەرگریت لێدەکات و دەتپارێزێت. هەمان وشە لە (یۆ ١: ٢١) بۆ مەسیحیش بەکارهاتووە چونکە مەسیح لە ئاسمان بەرگری لە باوەڕداران دەکات ڕۆحی پیرۆزیش لەڕێگەی باوەڕدارانەوە لەسەر زەوی بەرگری لە مەسیح دەکات (مت ١٠: ١٩- ٢٠).

6، 7، 8، 9. لە (یۆ ١٦: ٧)دا هاتووە: "باشترە بۆتان کە بڕۆم، چونکە ئەگەر نەڕۆم، یارمەتیدەرەکەتان بۆ نایەت، بەڵام ئەگەر بڕۆم بۆتانی دەنێرم." کاتێک عیسا گەڕایەوە بۆ ئاسمان، رۆحی پیرۆزی نارد بۆ قوتابییەکان و دەستبەجێ تێگەیشتن و زانیارییەکی باشتریان لەسەر مەسیح دەستکەوت. بەهۆی ڕۆحی پیرۆزەوە مەسیحیان لەو کاتە باشتر ناسی کە لەسەر زەوی لەگەڵیان بوو. ڕۆحی پیرۆز خزمەتەکەی

جێبەجێکرد. ڕۆحی پیرۆز نێردراوە بۆ دەرخستن و لێکدانەوە و شکۆدارکردنی مەسیح و ئیش و پەیامەکەی. ئەمە خزمەتی ئەمڕۆی ڕۆحی پیرۆزە بۆ ئێمە.

11. لە سەرەتای هەر چوار مزگێنییەکەدا یەحیای تەعمیدکار مەسیح بە "تەعمیدکاری ڕۆحی پیرۆز" ناودەبات. پەیمانی نوێ گرنگییەکی زۆری بەم لایەنی خزمەتی مەسیح داوە. کەنیسەکانیش دەبێت هەمان شت بکەن.

12، 13. ئینجیلەکان هەروەک چۆن لە سەرەتادا بەڵێنی تەعمیدی ڕۆحی پیرۆز دەدات، لە کۆتاییشدا هەمان بەڵێن دووپاتدەکاتەوە.

15، 16. عیسای مەسیح لەڕێگەی مردنی لەسەر خاچ دیاری ڕۆحی پیرۆزی بۆ هەموو باوەڕدارێک دابینکرد (گە ٣: ١٣- ١٤). دوای زیندووبوونەوە و گەڕانەوەی بۆ ئاسمان، مەسیح ئیمتیازی تایبەتی وەرگرتنی ڕۆحی پیرۆزی لەلایەن خوداوە هەبوو، پاشان ئەویش دیارییەکەی بەخشییە قوتابییەکانی.

17، 18. بە درێژایی پەیمانی نوێ تەعمیدی ڕۆحی پیرۆز لەڕێگەی بەڵگەی سەروو سروشتی قسەکردن بە زمانەکانی دیکە شایەتی بۆ دراوە.

18، 19، 20، 21. یەزدان بەڵێنی داوە کە لە کۆتایی ئەم ڕۆژگارەدا جارێکی دیکە ڕۆحی پیرۆزی خۆی دەڕێژێت بەسەر هەموو خەڵکدا. لەژێر ڕۆشنایی کتێبی پیرۆز، مەسیحییەکان مافی ڕەوای خۆیانە کە داوای ئەم دیارییە بکەن.

وانەی شەشەم

دەرەنجامەکانی تەعمیدکردن بە ڕۆحی پیرۆز

ناساندن

تەعمیدی ڕۆحی پیرۆز دیارییەکی ئاسمانییە بۆ باوەڕداران. ئەو باوەڕدارەی کە ئەم دیارییە وەردەگرێت هێزی سەرووسروشت وەردەگرێت بەمەبەستی خزمەتکردن و شایەتیدانی وەکو قوتابییەکی مەسیح.

ئەوانەی کە دیاری ڕۆحی پیرۆز وەردەگرن بەوە دەناسرێنەوە کە بە زمانێک دەدوێن و نوێژدەکەن کە بەلایانەوە نەناسراوە. ئەم نیشانە یان دیارییە لەلایەن ڕۆحی پیرۆزەوە دەدرێت، هەرلەبەرئەوەشە کە هەندێک جار پێی دەڵێن نوێژکردنی ڕۆحی پیرۆز. کتێبی پیرۆز ناوێکی دیکەشی لەمە ناوە، ئەویش "قسەکردنە بە زمانەکان" (کردار ٢: ٤). لە کەنیسە سەرەتاییەکاندا ئەمە ئەزموونێکی زۆر سادەی باوەڕداران بووە، واتە باوەڕدارە سەرەتاییەکانی پەیمانی نوێ لەڕێگەی ڕۆحی پیرۆزەوە دەیانتوانی بە زمانەکانی دیکە بدوێن.

لەڕێگەی قسەکردنی بە زمانەکانی دیکەوە، باوەڕدار ژیانی ڕۆحیی خۆی بنیاتدەنێت. لەو ڕێگەیەوە پەیوەندییەکی ڕاستەوخۆ و بەردەوامی لەگەڵ یەزدان دەبێت. ئەمە دەبێتە هۆی کردنەوەی دەرگایەکی ئاسمانی ئەوتۆ کە وا لە باوەڕدار دەکات دیاری و بەرهەمی ڕۆحی پیرۆز لە ژیانی ڕۆژانەیدا کاربکات.

لەبەرکردنی دەق: (کرداری نێردراوان ٢: ١٧- ١٨)

تکایە هێمای ڕاست لەنێو ئەو چوارگەشەیەدا دابنێ ئەگەر هاتوو ئایەتەکەت لەبەرکرد. ☐

ڕۆژانە بەسەر بەسەر ئایەتی وانەکانی پێشوودا بچۆوە.

پرسیارەکانی وانەی شەشەم

1. قوتابییەکانی مەسیح لە ڕۆژی پەنجایەمیندا چییان بەسەرهات کاتێک هەموویان پڕبوون لە ڕۆحی پیرۆز؟ (کردار ٢: ٤)

....

2. کێ مزگێنی بە خەڵکی سامیرە ڕاگەیاند کە باوەڕ بە مەسیح بهێنن؟ (کردار ٨: ١٢)

....

3. کاتێک پەترۆس و یۆحەنا هاتن بۆ سامیرە، چ نوێژێکیان بۆ باوەڕدارانی ئەوێ کرد؟ (کردار ٨: ١٥)

....

4. چۆن باوەڕدارانی سامیرە ڕۆحی پیرۆزیان وەرگرت؟ (کردار ٨: ١٧)

....

5. پۆڵس چۆن ڕۆحی پیرۆزی وەرگرت؟ (کردار ٩: ١٧)

....

6. ئەو کەسانەی کە لە ماڵی کۆرنیلیۆس بوون کاتێک گوێیان لە مزگێندانەکەی پەترۆس بوو، چییان کرد؟ (کردار ١٠: ٤٤)

....

7. پەترۆس و هاوڕێکانیان چۆن زانییان کە هەموو ئەوانەی لە ماڵی کۆرنیلیۆس بوون، ڕۆحی پیرۆزیان وەرگرتووە؟ (کردار ١٠: ٤٥- ٤٦)

....

8. پۆڵس لە ئەفەسۆس چ پرسیارێکی لە قوتابییەکانی دیکە کرد؟ (کردار ١٩: ٢)

....

9. ئەم قوتابییانەی ئەفەسۆس کەی ڕۆحی پیرۆزیان وەرگرت؟ (کردار ١٩: ٦)

....

10. چی ڕوویدا کاتیک ئەم قوتابییانەی ئەفەسۆس ڕۆحی پیرۆزیان هاتەسەر؟ (کردار ١٩: ٦)

....

11. پۆڵس چەندە بە زمانەکان دواوە؟ (یە. کۆ ١٤: ١٠)

....

12. باسی سێ شت بکە کە باوەڕدار ئەنجامی دەدات کاتێک بە زمانەکان دەدوێت؟ (یە. کۆ ١٤: ٢، ٤)

1) ....

2) ....

3) ....

13. ئەگەر باوەڕدارێک بە زمانەکان نویژبکات، ئەوا پاشان چ شێکی دیکەی نویژدەکات؟ (یە. کۆ ١٤: ١٤).

....

14. لەڕوانگەی مەسیحەوە، خواپەرستە ڕاستەقینەکان دەبێت چۆن خودا بپەرستن؟ (یۆ ٤: ٢٣)

....

15. یاقوب چۆن هانی باوەڕداران دەدات تاکو لە باوەڕ خۆیان بنیاتبنێن؟ (یە ٢٠)

....

16. کاتێک باوەڕدارێک بە زمانەکان دەدوێت، دوای ئەوە دەبێت نوێژ بۆ چ شتێک بکات؟ (یە. کۆ ١٤: ١٣)

....

17. باوەڕدار دەبێت چۆن لە کۆبوونەوەی گشتیدا بە زمانەکان بدوێت کاتێک هیچ لێکدەرەوە و ڕاڤەکارێکی زمانەکان لەوێ ئامادەنییە؟ (یە. کۆ ١٤: ٢٨)

....

18. ئایا پۆڵس خۆزگەی ئەوەی خواست کە هەموو باوەڕدارێک بە زمانەکان قسەی کردبا؟ (یە. کۆ ١٤: ٥)

....

19. پۆڵس گوتی کە چەند باوەڕدار پێشبینی دەکەن؟ (یە. کۆ ١٤: ٣١)

....

20. ئایا باوەڕداران دەبێت دیارییە ڕۆحییەکان پشتگوێبخەن؟ (یە. کۆ ١٢: ١)

....

21. باسی نۆ دیاریی ڕۆحی پیرۆز بکە. (یە. کۆ ١٢: ٨- ١٠)

1) ....   2) ....

3) ....   4) ....

5) ....
6) ....
7) ....
8) ....
9) ....

22. باسی نۆ بەروبوومی ڕۆحی بکە. (گە ٥: ٢٢- ٢٣)

1) ....
2) ....
3) ....
4) ....
5) ....
6) ....
7) ....
8) ....
9) ....

23. ئایا دەکرێت باوەڕدار بەبێ بەروبوومی ڕۆحی، دیاریی ڕۆحی هەبێت؟ (یە. کۆ ١٣: ١- ٢)

....

24. ئایا دەکرێت باوەڕدا بەبێ دیاریی ڕۆحی، بەروبوومی ڕۆحی هەبێت؟ (یە. کۆ ١٢: ٣١، ١٤: ١)

....

25. ئەو سێ شتە سەرووسروشتییە چییە کە لە ڕۆژانی کۆتاییدا ڕوودەدات کاتێک ڕۆحی پیرۆز دەڕژێت بەسەر هەموو خەڵکیدا؟ (کردار ٢: ١٧)

1) ....
2) ....
3) ....

26. باسی پێنج دیاری ڕۆحیی هەمەجۆر بکە کە باوەڕدار بۆ ئارامکردنەوەی باوەڕدارانی دیکە بەکاردێنێت. (یە. کۆ ١٤: ٣٦)

1) ....
2) ....
3) ....
4) ....
5) ....

لەبەرکردنی دەق: (کردار ٢: ١٧- ١٨)

ئەم دوو ئایەتە لەبەر بنووسەوە.

....

....

....

....

....

....

....

....

تکایە مەڕۆ لاپەڕەکەی دیکە تاکو وەڵامی هەموو پرسیارەکان دەدەیتەوە.

نمره و وەڵامی دروستی پرسیارەکانی وانەی شەشەم

پرسیار	وەڵام	نمره
1	دەستیان کرد بە قسەکردن بە زمانەکانی دیکە وەک ڕۆحی پێی بەخشین	2
2	فیلیپۆس	1
3	نوێژیان کرد کە ڕۆحی پیرۆز وەربگرن	1
4	پەترۆس و یۆحەنا دەستیان لەسەردانان	1
5	حەنانیا دەستی لەسەر دانا	1
6	ڕۆحی پیرۆز هاتە سەر هەموویان	1
7	گوێیان لێبوو بە زمانەکان دەدوان و خودایان شکۆدار دەکرد	1
8	کاتێک باوەڕتان هێنا، ڕۆحی پیرۆزتان وەرگرت؟	1
9	کاتێک پۆڵس دەستی لەسەر دانان	1
10	بە زمانەکان دوان و پێشبینییان کرد	1
11	لە هەمووان زیاتر (واتە زیاتر لە هەموو باوەڕدارانی کۆرنسۆس)	1
12	1) لەگەڵ خودا دەدوێت نەوەک مرۆڤ 2) باسی نهێنی دەکات 3) خۆی بنیاتدەنێت	1 1 1
13	ڕۆحی نوێژ دەکات	1
14	بە ڕۆح و ڕاستی	1
15	هانیان دەدات کە بە ڕۆحی پیرۆز نوێژبکەن	1
16	دەبێت نوێژبکات بۆئەوەی لێکیبداتەوە و ڕاڤەی بکات	1
17	دەبێت بێدەنگ بێت و لەگەڵ خۆی و خودا بدوێت	1
18	بەڵێ	1
19	هەموو باوەڕداران	1
20	نەخێر	1
21	1) دانایی	1

	1	2) زانین	
	1	3) باوەڕ	
	1	4) بەهرەی چاککردنەوە	
	1	5) پەرجوو	
	1	6) ڕاگەیاندنی پەیامی خودا	
	1	7) جیاکردنەوەی ڕۆحەکان	
	1	8) چەندین جۆر زمان	
	1	9) لێکدانەوە و ڕاڤەکردنی زمانەکان	
	1	1) خۆشەویستی	22
	1	2) خۆشی	
	1	3) ئاشتی	
	1	4) ئارامگرتن	
	1	5) نەرمونیانی	
	1	6) چاکە	
	1	7) دڵسۆزی	
	1	8) دڵنەرمی	
	1	9) خۆڕاگرتن	
	1	نەخێر	23
	1	نەخێر	24
	1	1) کوڕان و کچان پەیامی خودا ڕادەگەیەنن	25
	1	2) گەنجان بینینیان بۆ دەردەکەوێت	
	1	3) پیران خەون دەبینن	
	1	1) زەبوورێک	26
	1	2) فێرکردنێک	
	1	3) بینینێک	
	1	4) زمانێک	
	1	5) لێکدانەوەیەک	

سەیری ئەو پارچە کاغەزە بکە کە ئایەتەکانت لەسەری نووسیوە. ئەگەر ئایەتەکانت بەباشی لەبەرنەکردووە ئەوا کتێبی پیرۆز بکەوە و ئەوەندە ئایەتەکان بخوێنەوە هەتا بە جوانی لەبەریاندەکەیت.

ئەگەر بەباشی لەبەرت کردن ئەوا بۆ هەر ئایەتێک چوار نمرە وەردەگریت. هەر وشەیەکیش بە هەڵە بنووسیت، نمرەیەکت لێ کەم دەبێتەوە. ئەگەر سێ هەڵەت کردبوو ئەوا هیچ نمرەیەک بەدەستناهێنیت.

پرسیارەکان دوو ئایەت	51 نمرە 8 نمرە
کۆی گشتی نمرەکان	59 نمرە

هەڵسەنگاندن: ٣٠ وەڵامی دروست= ٥٠٪؛ ٤١ وەڵامی دروست= ٧٠٪؛ ٤٧ وەڵامی دروست= ٨٠٪

تێبینیی وەڵامە دروستەکانی وانەی شەشەم

ئەم ژمارانەی خوارەوە پەیوەندی بە ژمارەی وەڵامە ڕاستەکانەوە هەیە.

1. "دەم ئەوە دەڵێت کە لە دڵ دەڕژێت" (مەتا ١٢: ٣٤). یەکەم ڕژانی ڕۆژی پیرۆز لە دەمی باوەڕدارانەوە بوو.

2، 3، 4. فیلیپۆس خزمەتی خەڵکی سامیرەی دەکرد و مزگێنی دەدا. خەڵکێکی زۆری سامیرە ڕزگاریان بوو (مەسیحیان وەکو ڕزگارکاری تایبەتی خۆیان قبوڵکرد) و لە نەخۆشییەکانیان چاکبوونەوە. بەڵام ئەمە بۆ قوتابییەکان بەس نەبوو. چاوەڕوانی ئەوەبوون کە هەموو باوەڕدارە نوێیەکان تەعمیدی ڕۆحی پیرۆز وەربگرن. هەربۆیە، باوەڕدارانی سامیرە دوای ڕزگاربوونیان بە ڕۆحی پیرۆز تەعمیدکران. ئەمە لە خزمەتەکەی پەترۆس و یۆحەناشدا ڕوویدا.

5. سەرنجی ئەوە بدەن کە بە "حەنانیا" دەگوترا "قوتابی" و هیچی دیکە (کردار ٩: ١٠). دەبینین دانانی دەست بەمەبەستی وەرگرتنی ڕۆحی پیرۆز تەنیا تایبەت نەبوو بە نێردراوان، هەروەها مەرج نییە کە تەنیا لەڕێگەی دەستدانان لەسەر کەسێک ڕۆحی پیرۆز وەربگیردرێت. بۆ نموونە لە (کردار ٢: ٢- ٤، ١٠: ٤٤- ٤٦) باوەڕداران ڕۆحی پیرۆزیان وەرگرت بەبێ ئەوەی دەستیان لەسەردابنرێت.

8، 9. 10. لە ئەفەسۆسیش بەهەمان شێوەی سامیرە، ئەم قوتابییانە بە ئەزموونێکی جیاوازەوە تەعمیدی ڕۆحی پیرۆزیان وەرگرت. دوای ئەوەی ڕزگاربوون، لە ڕۆحی پیرۆز تەعمیدکران. وەک چۆن لە (کردار ٢: ٤، ١٠: ٤٦، ١٩: ٢- ٦)دا هاتووە، دەرەنجامی ئەزموونەکەیان پێشبینیکردن و قسەکردن بوو بە زمانە جیاوازەکان.

11، 12، 13، 14، 15. مەبەستی سەرەکی قسەکردن بە زمانەکان بۆ ستایش و نوێژی تاکەکەسییە (واتە لەگەڵ خودا دەدوێ). بیر و هزری ئەو باوەڕدارەی کە بە زمانەکان دەدوێت، نازانێت چی دەڵێت بەڵام ڕۆحی ڕاستەوخۆ لەگەڵ یەزدان پەیوەندی دروستدەکات و لەگەڵی دەدوێت؛ بەم شێوەیە باوەڕدارەکە دەتوانێت خۆی بنیاتبنێت.

16، 17. باوەڕداران لەڕێگەی دیاری ڕاڤەکردن و لێکدانەوەی زمانەکانەوە دەتوانن لەو زمانە جیاوزە بگەن کە قسەی پێدەکەن. لە کۆبوونەوە گشتییەکاندا (کەنیسە) دەبێت کەسێک ئەو زمانانە نەناسراوە لێکبداتەوە کە قسەی پێدەکرێت. ئەگەر هاتوو کەس نەبوو لێکیبداتەوە ئەوا باشترە کە "باوەڕدار لەگەڵ خۆی و خودا بدوێت" (یە. کۆ ١٤: ٢٨).

19. "پێشبینیکردن" واتە قسەکردن بەو زمانەی کە ڕۆحی پیرۆز پێتدەدات. بەڵام قسەکان دەبێت بە جۆرێک بێت کە قسەکەر و گوێگر لێی تێبگات.

21، 22، 23، 24. جیاوازی هەیە لەنێوان دیاری و بەرهەم. دیاری لەیەک کاتدا دەبەخشرێت و وەردەگیرێت. بەرهەم دەبێت کاری لەسەر بکەیت و چاوەڕێی بکەیت (دوو تم ٢: ٦). بیر لە دارێک کریسمەس بکەوە کە دیاری لەگەڵە و دارێکی سێویش کە سێوی گرتووە. لەڕوانگەی ڕۆحییەوە، دیاری جێگرەوەی بەرهەم نییە. بەرهەمیش جێگرەوەی دیاری نییە. یەزدان دەیەوێت کە هەموو باوەڕداران هەم دیاری و هەم بەرهەمیشیان هەبێت (بیرت نەچێت کە خۆشەویستی دیاریی نییە).

25، 26. تەعمیدکردن لە ڕۆحی پیرۆزدا چەندین دەرەنجامی دەبێت. دیاری و بەرهەمی سەرووسروشتی دەبێت. لەم ڕێگەیەوە باوەڕداران دەتوانن خزمەتی یەکتر بکەن. ئەمانە لەسەرووی توانای سروشتی و فێربوونی ئەکادیمی تاکی باوەڕدارەوەیە.

یەکەم هەڵسەنگاندنی گەشەسەندن

پیرۆزباییت لێدەکەین!

ئێستا تۆ شەش وانەی یەکەمت تەواوکردووە. بۆ ساتێک سەیربکە و بزانە تەواوکردنی شەش وانەی یەکەم واتای چییە!

بە ڕاستودروستییەوە لەکاتی دەسپێکردنی ئەم ڕامانەدا، ئەم بابەتە سەرەکییانەی خوارەوەت پێناسێنرا:

- کتێبی پیرۆز وشەی خودایە
- پلانی خودا بۆ ڕزگارکردنی هەموو خەڵکی و چۆن دەتوانیت بەشێک بیت لەو پلانە ڕزگارییە و چێژ لە هەموو سوودەکانی وەربگریت
- گرنگی تەعمیدکردنی ئاو
- دابینکردنی ڕۆحی پیرۆز و هەموو بەخششەکانی

لەکاتی خوێندنی ئەم شەش وانەیەدا، **١٧٠** جار بەدوای ئایەتەکانی ئەم بابەتانەدا گەڕاوی! هەروەها بڕیارتداوە کە **١٠** ئایەتی گرنگی کتێبی پیرۆز لەبەربکەیت.

لەوانەشە، لەکاتی خولەکەدا هەندێ کات بەلاتەوە زەحمەت بووە، دەکرێت بە خۆتت گوتبێت: بەڕاستی ئەم ڕامانە شایانی ئەم هەمووە زەحمەتەیە؟ ئەمە پشتگیری ئەو وتەیە دەکات کە سلێمانی پاشا لەبارەی داناییەوە گوتوویەتی: "وەکو هەڵکەندنی زەوی وایە کاتێب بەدوای خشڵی شاردراوەدا دەگەڕێیت" (پەندەکانی سلێمان **٢: ١- ٥**).

هەڵکەندنی زەوی ئیشێکی پشتشکێنە، پێستی دەستت پوفکە (بڵق) دەکات و ماسولکەکان ئازاریان پێدەگات. هەر لەبەرئەوە ئاساییە ئەگەر لەکاتی خوێندنی ئەم شەش وانەیەدا هەستت بە "ئازار و پوفکە" کردبێت.

لەلایەکی دیکەوە، لەڕووی ڕۆحی و دەروونییەوە گەشەت کردووە. ئەم ڕامانە بووەتە هۆکاری بەهێزبوونی کەسایەتی و هەروەها بەرگەگرتنی و خۆڕاگریی تێدا دروست کردوویت. ئازار و پوفکەکان کاتین و

بەسەردەچن، بەڵام ئەو کەسایەتییەی کە بنیاتی دەنێیت، تاهەتایە لەگەڵت دەبێت. بنەمایەکی بنەڕەتییە بۆ سەرکەوتووەکانی داهاتووت بەبێ لەبەرچاوگرتنی بارودۆخی ژیانت.

هەربۆیە، شتی هەتاهەتایی لەبەر شتی کاتی لەناومەبە! بەردەوامبە لە هەڵکەندن، بە گەنجینە و خشڵەکە دەگەیت.

پێداچوونەوەی یەکەم

پێش ئەوەی بەردەوام بیت لە خوێندنی وانە بەسوود و خۆشەکانی دواتر، باشتر و سوودبەخشتر دەبێت ئەگەر بێتو بەخێرایی چاوێک بخشێنیت بەسەر ئەو شتانەی کە لە شەش بەشی یەکەمدا خوێندووتە.

باشدەبێت ئەگەر ئەم ڕێگا سادانەی خوارەوە جێبەجێ بکەیت:

یەکەم: بەخێرایی سەیرێکی پرسیار و وەڵامەکانی هەر شەش بەشە بکە. بزانە وەڵامی پرسیارەکان دەزانیت.

دووەم: بەسەر ئەو ئایەتانەدا بچۆوە کە لەم شەش بەشەدا لەبەرتکردووون.

سێیەم: بەباشی ئەم پرسیارانەی خوارەوە بخوێنەوە و وەڵامیان بدەوە. پرسیارەکان پەیوەستن بەو شەش وانەیەی کە تا ئێستا خوێندووتە.

1. لە ژیانی ڕۆژانەتدا چۆن چارەسەری کێشەی گوناهت لەلایەن یەزدانەوە جێبەجێ کردووە؟
2. کاتێک وشەی یەزدان دەخوێنیتەوە و فەرمان و داواکارییەکانی جێبەجێ دەکەیت، چاوەڕێی چ سوود و قازانجێک دەکەیت؟
3. باسی چەند ڕێگەیەکی جیاواز بکە کە ڕۆحی پیرۆز لە گەشەی ڕۆحیتدا دەتوانێ یارمەتیت بدات؟
4. بە چ شێوازگەلێک تێپەڕبوونی گەلی خودا لە دەریای سوور دەکرێت ببێت بە نموونەی ئەو باوەڕدارانەی کە تەعمیدکراون؟

لەسەر پارچە کاغەزێکی جیاواز وەڵامی ئەو چوار پرسیارەی سەرەوە بنووسە.

تێبینی: وەڵامی ئەم پرسیارانە هیج نمرەیەکی لەسەر نییە، تەنیا مەبەستمان ئەوەیە کە دڵنیابیت لەوەی کە ئەوەی فێربوویت بە باشی لە مێشک و دڵتدا چەسپاوە. لە دوای ئەنجامدانی ئەو شتانەی کە لێرەدا باسمان کردوون، تکایە بڕۆ بۆ وانەی حەوتەم.

وانەی حەوتەم

نوێژ و پەرەستن

نوێژ ڕێگەیەکە کە بەهۆیەوە یەزدان ڕێگەدەدات باوەڕدارەکان لە بەردەمی ئامادەبن. لەڕێگەی نوێژەوە باوەڕداران دێن و داواکارییەکانیان دەخەنە بەردەم یەزدان.

لەڕێگەی نوێژکردنەوە، باوەڕداران سێ شت لە یەزدان وەردەگرن:

- ڕێنمایی پێویست
- هاوکاری و یارمەتی
- هێز و توانا

ئەگەر دەتەوێت خودا وەڵامی نوێژەکانت بداتەوە ئەوا دەبێت بیپەرستی و ستایشی بکەیت. باوەڕداران دەبێت ڕۆژانە کاتێکی دیاریکراو تەرخانبکات بۆ خوێندنەوەی وشەی خودا و قسەکردن لەگەڵی، لەم ڕێگەیەوە باوەڕدار سوودی پێدەگات و لە ژیانیدا کاریگەرتر دەبێت.

بەهێزترین کەسی ئەم جیهانە ئەو کەسەیە کە دەزانێت چۆن نوێژبکات و چۆن نوێژەکانی وەڵامدەدرێتەوە. ئەگەر بمانەوێت بەم شێوەیە نوێژبکەین ئەوا پێویستمان بە هاوکاری و یارمەتی ڕۆحی پیرۆزە. دەبێت بە وردی و بەوریاییەوە شوێن فەرمان و داخوازییەکانی وشەی خودا بکەوین. ئەو فەرمان و داخوازییانە لەم بەشەی ڕامانەکەماندا باسکراوە.

لەبەرکردنی دەق: (یۆحەنا ١٥: ٧)

تکایە هێمای ڕاست لەنێو ئەو چوارگەشەیەدا دابنێ ئەگەر هاتوو ئایەتەکەت لەبەرکرد. ☐

ڕۆژانە بەسەر بەسەر ئایەتی وانەکانی پێشوودا بچۆوە.

پرسیارەکانی وانەی حەوتەم

1. خودا داوای چ جۆرە کەسێک دەکات؟ (یۆ ٤: ٢٣- ٢٤)

....

2. خودا بە نوێژی کێ دڵخۆش دەبێت؟ (پەند ١٥: ٨)

....

3. چ جۆرە نوێژێک ئەنجامی گەورەی دەبێت؟ (یق ٥: ١٦)

....

4. ئەگەر ئارەزووی ئەوە بخوازین کە خودا گوێ لە نوێژەکانمان بگرێت، ئەو دوو شتە کامەیە کە دەبێت ئەنجامی بدەین؟ (یۆ ٩: ٣١)

1) ....

2) ....

5. بەهۆی چییەوە دەتوانین ئازایانە بڕۆینە بەردەم خودا؟ (عب ١٠: ٩)

....

6. بە کام دوو شتەوە دەبێت بڕۆینە بەردەم خودا؟ (زەبوور ١٠٠: ٤)

1) ....

2) ....

7. باوەڕدار دەبێت چ بکات لەجێگەی ئەوەی کە نیگەران بێت؟ (فل ٤: ٦)

....

8. بە چ باڵنەرێکەوە و بە ناوی کێوە دەبێت نوێژبکەین؟ (یۆ ١٤: ١٣)

9. ئەو دوو مەرجە کامەیە کە دەبێت هەمانبێت تاکو خودا هەموو ئەو شتانەمان بداتێ کە داوای دەکەین؟ (یۆ ١٥: ٧)

1) ....

2) ....

10. لەم چوار ئایەتەی خوارەوەدا چوار شت بنووسە کە دەبنە کۆسپ و ڕێگر لەبەردەم وەڵامی نوێژەکانمان.

1) (زەبوور ٦٦: ١٨) ....

2) (یق ١: ٦- ٧) ....

3) (یق ٤: ٣) ....

4) (یە. پت ٣: ٧) ....

11. هەندێ کات لەکاتی نوێژدا دەبێت چی بکەین بۆ ئەوەی بەسەر هێز و دەسەڵاتی شەیتانیدا زاڵبین؟ (مر ٩: ٢٩)

....

12. لەکاتی نوێژدا دەبێت چی بکەین ئەگەر حەزبکەین ئەو شتانەمان بدرێتێ کە داوای دەکەین؟ (مر ١١: ٢٤)

....

13. ئەگەر شتێکمان بەسەر کەسێکەوە هەبێت، کاتێک کە نوێژ دەکەین پێویستە یەکەم جار چی بکەین؟ (مر ١١: ٢٥)

....

14. ئەگەر لەکاتی نوێژدا لە کەسانی دیکە خۆشبووین ئەوا خودا چۆن هەڵسوکەوتمان لەگەڵ دەکات؟ (مر ١١: ٢٥)

....

15. ئەگەر لە خەڵکی خۆشنەبین، ئەوکات خودا چۆن هەڵسوکەوتمان لەگەڵ دەکات؟ (مر ١١: ٢٦)

....

16. ئەو دوو شتە کامەیە کە لێی دڵنیا دەبین ئەگەر بەپێی ویستی خودا نوێژبکەین؟ (یە یۆ ٥: ١٤-١٥)

....

17. داود دەڵێت کە هەموو ڕۆژێکی چۆن دەستپێدەکات؟ (زەبوور ٥: ٣)

....

18. ئەو سێ کاتە کامەیە کە داود بڕیاری دابوو نوێژبکات؟ (زەبوور ٥٥: ١٧)
1) ....
2) ....
3) ....

19. جگە لەو کاتە دیاریکراوەی خۆمان کە بەردەوام نوێژ دەکەین، چەند جار دەبێت نوێژ بکەین؟ (ئەف ٦: ١٨، یە. سا ٥: ١٧)

....

20. کێ یارمەتیمان دەدات کە بەپێی ویستی خودا نوێژ بکەین کاتێک لاوازین و نازانین چۆن بە دروستی نوێژ بکەین؟

....

21. دەبێت چ هەنگاوێک بنێین کاتێک بەتەنیایی نوێژ دەکەین؟ (مت ٦: ٦)

....

22. بەپێی وتەکانی مەسیح، ئەم جۆرە نوێژە چۆن پاداشتی دەدرێتەوە؟ (مت ٦: ٦)

....

23. مەسیح چ بەڵێنێکی پێداوین کاتێک لەگەڵ باوەڕدارانی دیکە بەناوی ئەو نوێژ دەکەین؟ (مت ١٨: ٢٠)

....

24. دەبێت چۆن لەگەڵ ئەو باوەڕدارانەدا هەڵسوکەوت بکەین کە نویژیان لەگەڵ دەکەین؟ (مت ١٨: ١٩)

....

25. دەبێت یەکەم جار نوێژ بۆ کێ بکەین؟ (یە. تم ٢: ١- ٢)

....

26. پۆڵس دەڵێت کە لەکاتی نوێژدا دەبێت چی بکەین؟ (یە. تم ٢: ٨)

....

27. ئەو دوو هەڵوێستە هەڵەیە کامەیە کە لە کاتی نوێژدا دەبێت خۆمانی لێ بپارێزین؟ (یە. تم ٢: ٨)

....

28. ئەنجامی وەڵامدانەوەی نوێژەکانمان چییە؟ (یۆ ١٦: ٢٤)

....

لەبەرکردنی دەق: (یۆحەنا ١٥: ٧)

ئەم ئایەتە لەبەر بنووسەوە.

....

....

....

....

تکایە مەڕۆ لاپەڕەکەی دیکە تاکو وەڵامی هەموو پرسیارەکان دەدەیتەوە.

نمره و وەڵامی دروستی پرسیارەکانی وانەی حەوتەم

نمره	وەڵام	پرسیار
2	خواپەرستە ڕاستەقینەکان، ئەوانەی بە ڕۆح و ڕاستی خودا دەپەرستن	1
1	نوێژی سەرڕاستان	2
2	نوێژی کاریگەری کەسێکی ڕاستودروست	3
1 1	1) خودا بپەرستین 2) خواستەکانی جێبەجێ بکەین	4
1	بە خوێنی عیسای مەسیح	5
1 1	1) سوپاسگوزاری 2) ستایش	6
1	دەبێت لە هەموو شتێکدا داواکارییەکەی بە نوێژ و پاڕانەوە و سوپاسگوزاری لای خودا زانراوبێت	7
2	بە ناوی عیسای مەسیح، تاکو خودای باوک شکۆداربێت	8
1	1) دەبێت لە مەسیحدا بچەسپین 2) دەبێت وتەکانی مەسیح لە ئێمەدا بچەسپێت	9
1 1 1 1	1) ئەگەر دڵمان حەزی لە خراپە بێت 2) ئەگەر گومان بکەین و بە باوەڕەوە داوانەکەین 3) ئەگەر بە پاڵنەرێکی خراپەوە بۆ حەز و ئارەزووەکانی خۆمان داوا بکەین 4) پەیوەندی خراپ لەنێوان ژن و مێرد	10
1	دەبێت بەرۆژووبین	11
1	باوەڕمان بەوە هەبێت کە وەریاندەگرین	12
1	پێویستە لێیان خۆشبین	13
1	خودا لێمان خۆشدەبێت	14
1	خودا لێمان خۆشنابێت	15
1 1	1) خودا گوێمان لێدەگرێت 2) ئەو شتانەمان دەستدەکەوێت کە داوامان کردووە	16

17	خۆی ئامادە دەکات بۆ نوێژکردن و چاوەڕێ دەکات	2
18	1) ئێواران 2) بەیانیان 3) نیوەڕوان	1 1 1
19	هەمیشە و بەبێ وەستان	1
20	ڕۆحی پیرۆز	1
21	دەبێت بڕۆینە ژوورەکەمان و درگا لەسەر خۆمان دابخەین و بەنهێنی نوێژ بکەین	1
22	باوکی ئاسمانی بە ئاشکرا پاداشتمان دەداتەوە	1
23	عیسای خۆی لەگەڵمان دەبێت	1
24	پێویستە کۆک بین لەسەر ئەو شتەی کە داوای دەکەین	2
25	بۆ پاشایان و هەموو ئەوانەی کە دەسەڵاتیان هەیە	1
26	دەستی پیرۆزمان بەرزبکەینەوە	1
27	1. توڕەیی 2. گومان	1 1
28	دڵخۆشی تەواو	1

سەیری ئەو پارچە کاغەزە بکە کە ئایەتەکەت لەسەری نووسیوە. ئەگەر ئایەتەکانت بەباشی لەبەرنەکردووە ئەوا کتێبی پیرۆز بکەوە و ئەوەندە بیخوێنەوە هەتا بەجوانی لەبەریدەکەیت.

ئەگەر بەباشی لەبەرت کرد، ئەوا بۆ هەر ئایەتێک چوار نمرە وەردەگریت. هەر وشەیەکیش بە هەڵە بنووسیت ئەوا نمرەیەکت لێ کەم دەبێتەوە. ئەگەر سێ هەڵەت کردبوو ئەوا هیچ نمرەیەک بەدەستناهێنیت.

پرسیارەکان یەک ئایەت	45 نمرە 4 نمرە
کۆی گشتی نمرەکان	49 نمرە

هەڵسەنگاندن: ٢٥ وەڵامی دروست= ٥٠٪. ٣٤ وەڵامی دروست= ٧٠٪. ٣٩ وەڵامی دروست= ٨٠٪

تێبینیی وەڵامە دروستەکانی وانەی حەوتەم

ئەو ژمارانەی لێردا هاتوون پەیوەندی بە ژمارەی وەڵامە ڕاستەکانەوە هەیە.

خودا دەیەوێت و دەتوانێت وەڵامی نوێژەکانت بداتەوە. هەموو کتێبی پیرۆز پشتگیری لەوە دەکات کە خودا وەڵامی نوێژ دەداتەوە بەتایبەتی پەیمانی نوێ (مەتا ٧: ٧- ٨). لەڕاستیدا خودا زیاتر لە نوێژکردنی مرۆڤ ئامادەیە و حەزدەکات وەڵامی نوێژ بداتەوە. بەڵام یەکەم جار دەبێت مەرجەکانی خودا جێبەجێکەین تاکو نوێژەکانمان وەڵامبدرێتەوە. زۆربەی وەڵامەکانی ئەم ڕامانە باسی ئەو مەرجانە دەکات کە دەکرێت بەم شێوەیەی خوارەوە کورت بکرێتەوە:

5، 8، 23. ئێمەی گوناهبار تەنیا لەڕێگەی قوربانی کەفارەتی مەسیح دەتوانین بڕۆینە بەردەم خودا. پشت بە عیسا دەبەستین کە لەلای باوک لەجێگەی ئێمە قسەدەکات. بە قبوڵکردنی ئەم ڕاستییە، لەڕێگەی ناو و خوێنی مەسیحەوە دێینە بەردەم خودا.

1، 4 (1)، 6، 7. شێوازی دروست: پەرستن، سوپاسگوزاری و ستایش.

1، 2، 3، 4 (2)، 9. سیفەتی دروست: ڕاستی، ڕاستەڕێیی، ڕاستودروستی، ملکەچبوون (هەموو ئەمانە لەڕێگەی چەسپان لە مەسیحدا بەدیدێت).

8، 10 (3، 4)، 13، 14، 15، 24، 27 (1). پاڵنەر و هاندەری دروست: بۆ شکۆی خودا نەوەک بۆ زیادکردنی ئارەزووەکانی خۆمان. هەروەها بەباشی جوڵانەوە لەگەڵ کەسانی دیکە بەتایبەتی ئەوانەی کە زۆر لێمانەوە نزیکن.

9 (2)، 16، 25. نوێژکردن بەپێی ویستی خودا، بەو جۆرەی کە لە وشەکانیدا نیشاندراوە.

10 (2)، 12، 16 (2)، 27 (2). بە باوەڕ وەڵامی نوێژەکانمان ڕادەگەیەنرێت کاتێک کە خەریکی نوێژکردنین. "ئەوەتا ئێستا کاتی پەسەندی خودایە" (دوو. کۆ ٦: ٢).

17، 18، 19. بەردەوام و جێگیر بە، کۆڵ مەدە و وازمەهێنە (سەیری لۆ ١٨: ١ بکە).

3، 11، 21، 26. بە گەرم و گوڕی و وازلەخۆهێنان و پابەندییەوە و بە دڵێکی بێفیزەوە خۆت بۆ نوێژکردن تەرخانبکە و بە تەنیا لەگەڵ خودا کات بەسەرببە.

20. لە هەموو ئەمانەدا ناتوانین تەنیا پشت بە ویستی و خواست و هێز و توانا و تێگەیشتنی خۆمان ببەستین. دەبێت داوای یارمەتیی سەرووسروشت لە ڕۆحی پیرۆز بکەین.

22، 28. پاداشتی نوێژی دروست.

وانەی هەشتەم

پلانی خودا بۆ شیفادانی جەستەمان (بەشی یەکەم)

کاتێک مرۆڤ سەرپێچی فەرمانەکانی خودای کرد و لێی دوورکەوتەوە، بەرەکەت و پارێزگاری لەلایەن خوداوە لەدەستدا و کەوتە ژێر نەفرەت و دەسەڵاتی شەیتان، ئەوکات شەیتان دەتوانێت جەستەی مرۆڤ تووشی ئازار و لاوازی و نەخۆشی بکات.

بەڵام، خودای میهرەبان هێشتا حەزدەکات کە مرۆڤ پیرۆز بکات و لە گوناە و نەخۆشی ڕزگاری بکات. عیسای مەسیح کاتێک لە خاچ درا، نەخۆشی و گوناهی ئێمەی هەڵگرت. ئەمە هەواڵی خۆشی ڕزگارییە.

هەربۆیە، ئێستا بە باوەڕهێنان بە مەسیح، جەستەمان شیفا وەردەگرێت و ڕۆحیشمان ئاشتی و لێخۆشبوون.

لەبەرکردنی دەق: (یەکەم پەترۆس ٢: ٢٤)

تکایە هێمای ڕاست لەنێو ئەو چوارگەشەیەدا دابنێ ئەگەر هاتوو ئایەتەکەت لەبەرکرد. ☐

ڕۆژانە بەسەر ئایەتی وانەکانی پێشوودا بچۆوە.

پرسیارەکانی وانەی هەشتەم

A. کێ نەخۆشی و سەلامەتی دێنێت؟

1. یەکەم جار کێ مرۆڤی هەڵخەڵەتاند و هانیدا کە سەرپێچی خودا بکات؟ (پەی ۳: ۱- ۳، یە یۆ ۳: ۸ ئش ۱۲: ۹)

....

2. یەکەم جار مرۆڤ چۆن تووشی نەخۆشی و ئازار و مردن بووەوە؟ (پەی ۳: ۱٤- ۱۹)

....

3. کێ یاقوبی تووشی نەخۆشی کرد؟ (ئەی ۲: ۷)

....

4. لە (لۆ ۱۳: ۱۱، ۱٦) کێ ژنەکەی تووشی نەخۆشی کردبوو و چۆن بەسترابووەوە؟

....

5. کێ بە نەخۆشی خەڵکی دەچەوساندەوە؟ (کردار ۱۰: ۳۸)

....

6. خودا بەڵێنی داوە چی بکات بۆ ئەو کەسانەی کە ملکەچی دەبن و گوێڕایەڵی فەرمانەکانین؟ (دەر ۱۵: ۲٦)

....

7. ئەو دوو شتە کامەیە کە خودا بەڵێنی داوە بۆ گەلەکەی بکات ئەگەر خزمەتی بکەن؟ (دەر ۲۳: ۲۵)

1) ....

2) ....

8. ئایا نەخۆشی هی گەلی خودایە یان هی دوژمنەکانیانە؟ (دوا ۷: ۱۵)

....

9. ئەو دوو شتە کامەیە کە خودا بۆ داودی ئەنجامدا؟ (زەبوور ۱۰۳: ۳)

....

10. ئەو سێ شتە کامەیە کە پۆڵسی نێردراو ئارەزووی دەکرد بدرێتە قوتابییەکان؟ (سێ یۆ ۲)

1) ....
2) ....
3) ....

11. بە وتنی "بەڵێ" و "ئامین" بە ناوی عیسای مەسیح، دەتوانین داوای چەند بەڵێنی خودا بکەین؟ (دوو. کۆ ۱: ۱۹- ۲۰)

....

12. بە چ مەبەستێک عیسا هاتە سەر زەوی؟ (یە یۆ ۳: ۸)

....

13. بۆچی خودا عیسای مەسیحی بە ڕۆحی پیرۆز دەستنیشان کرد؟ (کردار ۱۰: ۳۸)

....

14. عیسای مەسیح هات تاکو ویست و خواستی کێ جێبەجێ بکات؟ (یۆ ۵: ۳۰، یۆ ۶: ۳۸)

....

15. کێ کارەکانی عیسای دەکرد؟ (یۆ ۱۰: ۳۷- ۳۸، یۆ ۱۴: ۱۰)

....

16. عیسا چەند لەوانەی چاککردەوە کە هاتن بۆ لای؟ (مت ٨: ١٦، ١٢: ١٥، ١٤: ٣٥- ٣٦، لۆ ٤: ٤٠، ٦: ١٩)

....

17. مەسیح چەند جۆر نەخۆشیی چاککردەوە؟ (مت ٤: ٢٣- ٢٤، ٩: ٣٥)

....

18. هۆکاری چی بوو کاتێک مەسیح خەڵکێکی زۆری چاکنەکردەوە؟ (مت ١٣: ٥٨، مر ٦: ٥- ٦)

....

19. ئایا خودا گۆڕانکاری بەسەردا دێت؟ (مت ٣: ٦، یق ١: ١٧)

....

20. ئایا عیسای مەسیح گۆڕانکاری بەسەردا دێت؟ (عب ١٣: ٨)

....

B. ئامانج و مەبەستی گیانسپاردنی عیسای مەسیح لەسەر خاچ

21. باسی سێ شت بکە کە عیسای مەسیح لەجێگەی ئێمە هەڵیگرت. (مت ٨: ١٧، یە. پت ٢: ٢٤)

1) ....
2) ....
3) ....

22. لە ئاکامدا، ئەو سێ دەرەنجامە کامەن کە لە ژیانماندا دەمانبێت؟ (یە. پت ٢: ٤)

1) ....
2) ....
3) ....

23. کێ لەپێناوی ئێمە بوو بە نەفرەت؟ (گل ٣: ١٣)

....

24. عیسا لە چی ئێمەی کڕییەوە؟ (گل ٣: ١٣)

....

25. نەفرەتی شەریعەت چەند جۆر نەخۆشی دەگرێتەوە؟ (دوا ٢٨: ١٥، ٢١- ٢٢، ٢٧- ٢٨، ٣٥، ٥٩- ٦١)

....

26. لەنێوان بەرەکەت و نەفرەتدا، خودا دەڵێت کە کامیان هەڵبژێرین؟ (دوا ٣٠: ١٩)

....

لەبەرکردنی دەق: (یەکەم پەترۆس ٢: ٢٤)

ئەم ئایەتە لەبەر بنووسەوە.

....

....

....

....

تکایە مەڕۆ لاپەڕەکەی دیکە تاکو وەڵامی هەموو پرسیارەکان دەدەیتەوە.

نمرە و وەڵامی دروستی پرسیارەکانی وانەی هەشتەم

پرسیار	وەڵام	نمرە
1	مار (شەیتان، ئیبلیس)	1
2	لەرێگەی سەرپێچیکردنی فەرمانەکانی خودا	1
3	شەیتان	1
4	شەیتان بە ڕۆحی لاوازی بەستبوویەوە	2
5	شەیتان	1
6	بەڵێنی داوە کە تووشی نەخۆشییەکانی گەلی میسرییان نەکات، چاکیان بکاتەوە	2
7	1) نان و ئاوەکەیان پیرۆزبکات 2) نەخۆشییان لێ دووربخاتەوە	1 1
8	نەخۆشی هی دوژمنانی گەلی خودایە	1
9	1) خودا لە هەموو گوناهەکانی خۆشبوو 2) خودا هەموو نەخۆشییەکانی چاککردەوە	1 1
10	1) ئارەزووی دەکرد کە گەشە بکەن 2) ئارەزووی دەکرد کە سەلامەت بن 3) ئارەزووی دەکرد کە ڕۆحیان گەشە بکات	1 1 1
11	هەموو بەڵێنەکانی خودا	1
12	بۆ لەناوبردنی کارەکانی شەیتان	1
13	بۆ ئەوەی کاری باش بکات و ئەوانە شیفابدات کە شەیتان ئازاری داون	1
14	خواستی خودای باوک	1
15	خودای باوک	1
16	هەموویان	1
17	هەموو جۆرە نەخۆشی و دەردێک	1
18	بێباوەڕی خەڵک	1
19	نەخێر، هەرگیز	1

20	نەخێر، هەرگیز گۆڕانکاری بەسەرنایەت	1
21	1) برینەکانمان 2) نەخۆشییەکانمان 3) گوناهەکانمان	1 1 1
22	1) سەبارەت بە گوناه دەمرین 2) دەتوانین بە ڕاستودروستی بژین 3) دەتوانین شیفا وەرگرین و چاکببینەوە	1 1 1
23	مەسیح	1
24	نەفرەتی شەریعەت	1
25	هەموو جۆرە نەخۆشییەک	1
26	بەرەکەت	1

سەیری ئەو پارچە کاغەزە بکە کە ئایەتەکەت لەسەری نووسیوە. ئەگەر ئایەتەکەت بە باشی لەبەرنەکردووە ئەوا کتێبی پیرۆز بکەوە و ئەوەندە بیخوێنەوە تا بە جوانی لەبەریدەکەیت.

ئەگەر بەباشی لەبەرتکرد ئەوا بۆ هەر ئایەتێک چوار نمرە وەردەگریت. هەر وشەیەکیش بە هەڵە بنووسیت، نمرەیەکت لێ کەم دەبێتەوە. ئەگەر سێ هەڵەت کردبوو ئەوا هیچ نمرەیەک بەدەستناهێنیت.

پرسیارەکان ئایەتێک	36 نمرە 4 نمرە
کۆی گشتی نمرەکان	40 نمرە

هەڵسەنگاندن: ٢٠ وەڵامی دروست= ٥٠٪. ٢٨ وەڵامی دروست= ٧٠٪. ٣٢ وەڵامی دروست= ٨٠٪

تێبینیی وەڵامە دروستەکانی وانەی هەشتەم

ئەم ژمارانەی خوارەوە پەیوەندی بە ژمارەی وەڵامە ڕاستەکانەوە هەیە.

1، 2. (پەی ٣) ڕیشەی ئازاری مرۆڤەکان دەگەڕێنێتەوە بۆ شەیتان. مەسیح لەبارەی شەیتانەوە دەفەرموێت: "ئەو هەر لە سەرەتاوە بکووژ بووە" (یۆ ٨: ٤٤).

3، 5. هەموو نەخۆشییەک دەکرێت بگەڕێتەوە بۆ سەرچاوەکەی کە شەیتانە. نەخۆشی بەشێکە لە "کاری شەیتان" (یە یۆ ٣: ٨).

6. ڕێگەیەکی دیکەی وەرگێڕانی (دەر ١٥: ٢٦) دەکرێت ئەمە بێت: "من یەهوەم، دکتۆرەکەت."

9. سەرنجی وشەی "هەموو" بدە. (زەبوور ١٠٣: ٣) دەڵێت: "هەموو گوناهێکت"، "هەموو نەخۆشییەکت."

10. سەرنجی ئەوە بدە کە یۆحەنا بۆ باوەڕدارێکی نموونەیی وەکو گایۆس دەنوسێت. گایۆس بە ڕێگەی ڕاستدا دەڕۆیشت و باوەڕدارێکی دڵسۆز بووە و ئەرکەکانی خۆی بەباشی جێبەجێکردووە (سێ یۆ ٣- ٥).

11. (دوو. کۆ ١: ٢٠) دژی ئەو قسەیە دەوەستێتەوە کە گوایە چارەسەری جەستەیی لەم سەردەمەدا بۆ مەسیحییەکان نییە. هەموو بەڵێنەکانی خودا (ئێستا) بۆ ئێمەیە، بۆ هەموو باوەڕداران. واتە: "هەموو ئەو بەڵێنانەی کە لەگەڵ بارودۆخ و پێویستییەکانی مندا دەگونجێت، ئێستا بۆ منە."

13. هەر سێ کەسەکەی سێیانە، چالاکانە بەشدارن لە خزمەتی شیفادان و چاککردنەوەدا. باوک بە ڕۆحی پیرۆز کوڕی دیاریکرد. ئەنجامەکەشی چاککردنەوە و شیفا بوو بۆ هەمووان.

14، 15. ویست و خواستی یەزدان بەتەواوی لە مەسیحدا بۆ ئێمە دەرکەوت. ئەمە چاککردنەوە و هەموو ئەو شتانەی دیکەش دەگرێتەوە کە عیسا ئەنجامیدا.

16، 17، 18. هەموو ئەو کەسانەی کە بە مەبەستی شیفاوەرگرتن هاتنە لای مەسیح، شیفایان وەرگرت و چاکبووەنەوە. کتێبی پیرۆز دەڵێت کە هەمیشە ئەمە ڕوویدەدا و هەمووان چاک دەبوونەوە.

19، 20. ڕاستی ئینجیل وەکو بەردێکی لەبن نەهاتووە و هەرگیز ناگۆڕدرێت. ڕاستی نەگۆڕاوی ئینجیل بەندە لەسەر سروشتی نەگۆڕاوی خودی خودا.

21. مەتا و پەترۆس ئایەتی (ئش ٥٣: ٤- ٥)یان بەکارهێنا. شێوازی دروستی خوێندنەوەی (ئش ٥٣: ٤): "بەدڵنیاییەوە ئەو نەخۆشییەکانمانی هەڵگرت و ئازارەکانمانی نەهێشت." جێناوی سەربەخۆی "ئەو" واتە مەسیح. (یە. پت ٢: ٢٤) وشی چاککردەوە لە وشەی یۆنانی "دکتۆر"ەوە وەرگیراوە. بەڕاستی عیسای مەسیح دکتۆری ئێمەیە.

24. "نەفرەتی شەریعەت" (گل ٣: ١٣) واتە ئەو نەفرەتەی کە بەهۆی شکاندنی شەریعەتەوە هاتبووە سەرمان. ئەمە بەتەواوی لە (دوا ٢٨: ١٥- ٦٨)دا هاتووە کە هەموو جۆرە نەخۆشییەک دەگرێتەوە.

26. خودا دوو جووت بژاردەی پێچەوانەی یەکتری خستووەتە بەردەستمان. یەکەم: ژیان و بەرەکەت. دووەم: مردن و نەفرەت. ئیتر هەڵبژاردنەکەی بەدەست مرۆڤەکانە.

وانەی نۆیەم

پلانی خودا بۆ شیفادانی جەستەمان (بەشی دووەم)

ناساندن

خودا جەستەمان چاکدەکاتەوە و شیفامان دەدات. شیفا وەردەگرین و چاکدەبینەوە، کاتێک:

- گوێ لە وشەی خودا دەگرین
- باوەڕ بە وشەی خودا دەکەین
- باوەڕمان هەبێت و ڕێگە بە ڕۆحی پیرۆز بدەین بە ژیانی هەستاوەی عیسای مەسیح جەستەمان پڕبکات. تەنانەت زیاتر، دەبێت بە ناوی عیسای مەسیح ڕزگاری و شیفادان بۆ خەڵکی دیکە داوا بکەین. ڕزگاری واتە دووركەوتنەوە لە ڕۆحە پیسەکان. بە دوو ڕێگە دەتوانی داوای چاککردنەوە و ڕزگاری بۆ کەسانی دیکە بکەیت:

A. دەستدانان لەسەر کەسی نەخۆش و نوێژکردن بۆی

B. پیرانی کەنیسە بە ناوی عیسای مەسیح، بە ڕۆن چەوری بکەن

ئەگەر بە باوەڕ ئەم شتانە بکەین، خودا لەگەڵ ئێمە ئیشدەکات و ڕاستی وشەکەی لەڕێگەی شیفادان و ڕزگارییەوە دوپاتدەکاتەوە.

لەبەرکردنی دەق: (مەرقۆس ١٦: ١٧- ١٨)

تکایە هێمای ڕاست لەنێو ئەو چوارگەشەیەدا دابنێ ئەگەر هاتوو ئایەتەکەت لەبەرکرد. ☐

ڕۆژانە بەسەر ئایەتی وانەکانی پێشوودا بچۆوە.

پرسیارەکانی وانەی نۆیەم

C.سێ ڕێگای چاککردنەوە و شیفادان:

1) وشەی خودا

2) ڕۆحی خودا

3) باوەڕمان

27. خودا چی بۆ چاککردنەوە و ڕزگاری ئێمە نارد؟ (زەبوور ١٠٧: ٢٠)

....

28. ئەو دوو سوودە کامەیە کە وشەی خودا بە ڕۆڵەکانی دەگەیەنێت؟ (پەند ٤: ٢٠- ٢٢)

1) ....

2) ....

29. ئەگەر ڕۆحی خودا لە دەروون و ناخماندا بژیێت، چی بۆ جەستەی کاتیمان ئەنجامدەدات؟ (ڕۆ ٨: ١١)

....

30. خودا دەیەوێت چی لە جەستەی کاتیماندا دەربخات؟ (دوو. کۆ ٤: ١٠- ١١)

....

31. مەسیح بە دوای چیدا دەگەڕا لەناو ئەوانەی کە دەهاتن و داوای شیفایان لێدەکرد؟ (مت ٩: ٢٨- ٢٩، مر ٢: ٥، مر ٩: ٢٣، لۆ ٨: ٥٠)

....

32. پەترۆس چاکبوونەوەی پیاوە ئیفلیجەکەی چۆن ڕوونکردەوە؟ (کردار ٣: ١٦)

....

33. پۆڵس لە لیسترادا چی لە پیاوە ئیفلیجەکەدا بینی کە وای کرد چاکببێتەوە؟ (کردار ١٤؛ ٨- ١٠)

....

34. چۆن باوەڕ دەهێنین؟ (ڕۆ ١٠: ١٧)

....

D. ئەو دەسەڵاتەی کە دراوە بە باوەڕداران

35. ئاماژە بە دوو جۆر هێز و توانا بکە کە عیسای مەسیح داویەتی بە باوەڕداران؟ (مت ١٠: ١)
    1) ....
    2) ....

36. باسی چوا شت بکە کە عیسای مەسیح فەرمانی بە قوتابییەکانی کردووە ئەنجامی بدەن؟ (مت ١٠: ٨)
    1) ....
    2) ....
    3) ....
    4) ....

37. کاتێک قوتابییەکانی عیسا نەیانتوانی ئەو کوڕە چاکبکەنەوە کە ڕۆحی پیسی تێدابوو، عیسا هۆکارەکەی بۆ کام دوو شتە گەڕاندەوە؟ (مت ١٧: ٢٠- ٢١، مر ٩: ٢٩)
    1) ....
    2) ....

38. عیسا فەرمووی کە ئەو کەسەی باوەڕی پێدەهێنێت، دەتوانێت دوو شت بکات، ئەو دوو شتە چین؟ (یۆ ١٤: ١٢)

1) ....

2) ....

39. باوەڕداران لە ناوی عیسای مەسیح، دەتوانن چی بۆ نەخۆشەکان بکەن؟ (مر ١٦: ١٧- ١٨)

....

40. ئەم نەخۆشانە چییان بەسەردێت؟ (مر ١٦: ١٨)

....

41. کاتێک باوەڕدارێک نەخۆشە، دەبێت چی بکات؟ (یق ٤: ١٢)

....

42. ئەو دوو شتە چییە کە پیرانی کەنیسە دەبێت بۆ باوەڕدارانی ئەنجامبدەن؟ (یق ٥: ١٤)

1) ....

2) ....

43. ئەو دوو شتە چییە کە خودا بۆ باوەڕدارانی ئەنجامدەدات؟ (یق ٥: ١٥)

1) ....

2) ....

44. چ جۆرە نوێژێک نەخۆش ڕزگار دەکات؟ (یق ٥: ١٥)

....

45. قوتابییەکان نوێژیان بۆ کام دوو شتە کرد کە یەزدان لە ناوی عیسای مەسیحدا بۆیان ئەنجامبدات؟ (کردار ٤: ٢٩- ٣٠)

....

46. کاتێک قوتابییەکان ڕۆیشتن و دەستیان کرد بە مزگێنیدان، ئەو دوو شتە چی بوو کە خودا بۆی ئەنجامدان؟ (مر ١٦: ٢٠)

1) ....

2) ....

لەبەرکردنی دەق: (مەرقۆس ١٦: ١٧- ١٨)

ئەم دوو ئایەتە لەبەر بنووسەوە.

....

....

....

....

....

....

....

تکایە مەڕۆ لاپەڕەکەی دیکە تاکو وەڵامی هەموو پرسیارەکان دەدەیتەوە.

نمره و وەڵامی دروستی پرسیارەکانی وانەی نۆیەم

پرسیار	وەڵام	نمره
27	وشەی خودا (کتێبی پیرۆز)	1
28	1) ژیان 2) دەرمان بۆ گشت جەستەمان	1 1
29	ژیان دەبەخشێت بە جەستە کاتییەکەمان	1
30	ژیانی عیسای مەسیح	1
31	باوەڕ	1
32	باوەڕ بە عیسای مەسیح چاکی کردەوە	2
33	ئیفلیجەکە باوەڕی هەبوو بۆیە چاکبووەوە	1
34	بە بیستنی وشەی خودا	2
35	1) هێز و دەسەڵات بەسەر ڕۆحە پیسەکاندا بۆ دەرکردنیان 2) هێز و توانا بۆ چاککردنەوەی هەموو جۆرە نەخۆشییەک	2 2
36	1) چاککردنەوەی نەخۆش 2) خاوێنکردنەوەی گول 3) زیندووکردنەوەی مردوو 4) دەرکردنی ڕۆحی پیس	1 1 1 1
37	1) لەبەر بێباوەڕییان 2) تەنیا بە نوێژ و ڕۆژوو دێتە دەرەوە	1 1
38	1) ئەو کارانەی کە خۆی ئەنجامی دا 2) لەم کارانەش گەورەتر	1 1
39	دەتوانن دەست لەسەر نەخۆش دابنێن	1
40	چاک دەبنەوە	1
41	دەبێت بانگی پیرانی کەنیسە بکات	1
42	1) نوێژی لەسەر بکەن 2) بە ناوی عیسای مەسیحی خاوەن شکۆ بە ڕۆن چەوری بکەن	1 1

43	1) هەڵیدەستێنێتەوە 2) دەیبەخشێت ئەگەر هەر گوناهێکی کردبێت	1 1
44	نوێژی باوەڕ	1
45	1) ئازایانە قسەبکەن و نەترسن 2) نیشانە و پەرجوو ئەنجامبدەن	1 1
46	1) خودا لەگەڵ ئەواندا ئیشدەکات 2) بە نیشانە وشەکانی پشتڕاستدەکاتەوە	1 1

سەیری ئەو پارچە کاغەزە بکە کە ئایەتەکانت لەسەری نووسیوە. ئەگەر ئایەتەکانت بەباشی لەبەرنەکردووە ئەوا کتێبی پیرۆز بکەوە و ئەوەندە بیانخوێنەوە هەتا بە جوانی لەبەریاندەکەیت.

ئەگەر بەباشی لەبەرتکردن ئەوا بۆ هەر ئایەتێک چوار نمرە وەردەگریت. هەر وشەیەکیش بە هەڵە بنووسیت، نمرەیەکت لێ کەم دەبێتەوە. ئەگەر سێ هەڵەت کردبوو ئەوا هیچ نمرەیەک بەدەستناهێنیت.

پرسیارەکان دوو ئایەت	36 نمرە 8 نمرە
کۆی گشتی نمرەکان	44 نمرە

هەڵسەنگاندن: ٢٢ وەڵامی دروست= ٥٠٪. ٣١ وەڵامی دروست= ٧٠٪. ٣٥ وەڵامی دروست= ٨٠٪

تێبینیی وەڵامە دروستەکانی وانەی نۆیەم

ئەم ژمارانەی خوارەوە پەیوەندی بە ژمارەی وەڵامە ڕاستەکانەوە هەیە.

27- 34. (زەبوور ٣٣: ٦) دەڵێت کە یەزدان وشەکەی و هەناسەی بەکارهێنا بۆ بەدیهێنانی ئاسمانەکان. هەناسەی خودا واتە ڕۆحی خودا. گەردوون و جیهانی هەستی بەهۆی وشەی خودا و ڕۆحی خوداوە بەدیهاتووە. بۆ شیفادانیش هەمان شتە، واتە ڕۆح و وشەی خودا خەڵکی چاکدەکەنەوە. بە باوەڕ شیفا وەردەگرین.

28. (پەند ٤: ٢٠- ٢٢) "شوشەی مەزنی دەرمانی خودایە." ئەگەر دەتەوێت چاکبیتەوە دەبێت دەرمانەکانی خودا بەو جۆرەی کە فەرمانی کردووە بەکاربێنیت: 1) گرنگی بە وشەکانی خودا بدە. 2) "گوێت شل بکە"، بەو واتایەی کە بێفیز بە و گوێ لە فێرکردنی وشەی خودا بگرە. 3) وشەکانی خودات لەبەرچاو بێت. 4) وشەکانی خودا لە دڵت هەڵبگرە.

دەرمانی شیفای خودا لە ڕێگەی مێشک و گوێ و چاو و دڵ بەکاردێنین.

30. خودا دەیەوێت کە ژیانی مەسیحی هەستاوە بە ئاشکرا لە "جەستەی کاتی"ی ئێمەدا دەربکەوێت و ئاشکرابکرێت (دوو. کۆ ٤: ١٠- ١١). خودا لە ڕێگەی عیساوە، لەم ژیانەی ئێستاماندا شیفا و سەلامەتی و هێزی بە جەستەمان بەخشیوە.

34. (ڕۆ ١٠: ١٧). یەکەم جار، وشەی خودا "بیستن" بەرهەمدێنێت. پاشان لە بیستنەوە بەرەو "باوەڕ" گەشە دەکات. لە (پەند ٤: ٢٠- ٢١)دا، بیستن لە هەر چوار قۆناغەکەیدا باسی لێوەکراوە.

35- 36. بیر لەمە بکەوە: کاتێک قوتابییەکان نێردران بۆ ئەوەی مزگێنی بدەن، هەمیشە چاوەڕێی ئەوەبوون کە خەڵکی شیفابدەن و لە ڕۆحی پیس ڕزگاریان بکەن. بەراوردێک بکە لەنێوان (مت ١٠: ٨) و (مت ٢٨: ٢٠): "فێریان بکەن کە پابەندبن بە هەموو ئەو شتانەی کە ڕامسپاردوون. دڵنیابن من هەموو ڕۆژێک لەگەڵتانم هەتا کۆتایی ڕۆژگار." لەڕاستیدا "کۆتایی ڕۆژگار" ئەم ڕۆژگارە ئێستامانە. مەسیح فەرمانی

کردووە کە ئەم خزمەتە بەردەوام بێت نەوە دوای نەوە تا ئەم ڕۆژگارە. ئەم فەرمانە ئێمەی قوتابیی مەسیح دەگرێتەوە.

37 (2). خودی عیسای مەسیح بەڕۆژوو دەبوو. چاوەڕێی ئەوەی لە قوتابییەکانی دەکرد کە شوێن نموونەکانی بکەون (مەتا ٦: ١٦- ١٨). بەڵام قوتابییەکان ئەمەیان نەکرد تا ئەو کاتەی عیسای مەسیح (زاوا) لەسەر زەوی لەگەڵیان مایەوە (مر ٢: ١٨- ٢٠).

38. خزمەتی مەسیح نموونەیە بۆ خزمەتی هەموو باوەڕداران. عیسای مەسیح دوای گەڕانەوەی بۆ لای باوک، ڕۆحی پیرۆزی نارد. ڕۆحی پیرۆز لەڕێگەی قوتابییە باوەڕدارەکانەوە کاردەکات بۆ ئەوەی ئەو کارانە بکەن کە مەسیح بەڵێنی ئەنجامدانی پێداون.

39. بەڵێنەکانی (مر ١٦: ١٧- ١٨) بەسەر هەموو باوەڕداراندا جێبەجێ دەبێت کە دەڵێت "ئەوانەی باوەڕ دەکەن."

39- 44. بەرپرسیاریەتی ئێمەیە کە بانگی پیرەکانی کەنیسە بکەین ئەگەر هاتوو نەخۆش بووین.

45. (کردار ٤: ٣٠) هێشتا نوێژێکی نموونەییە بۆ کەنیسەکانی ئەم سەردەمە.

وانەی دەیەم

شایەتیدان و ڕزگارکردن

ناساندن

عیسای مەسیح لەڕێگەی مردنی لەسەر خاچ، ڕزگاری بۆ هەموو کەسێک و لە هەموو شوێنێک مسۆگەر کرد. بەڵام بۆ ئەوەی کەسێک ڕزگاری بێت، پێویستە یەکەم جار گوێی لە وشەی خودا و شایەتی عیسای مەسیح بێت.

هەموو ئەو کەسانەی کە ڕزگاریان دەبێت، پێویستە پڕبن لە ڕۆحی پیرۆز. پاشان دەبێت پشت بە هێزی ڕۆحی پیرۆز ببەستن کاتێک باسی عیسای مەسیح بۆ کەسانی دیکە دەکەن. ئەگەر هەموو باوەڕدارێک ئەمە بە دڵسۆزی و خەمخۆرییەوە ئەنجامبدات ئەوا مزگێنی مەسیح دەگاتە هەموو شوێنێکی سەر زەوی و هەموو نەتەوە و گەلەکان مزگێنی مەسیح دەبیستن. ئەوە پلانی خودایە.

ئەمە ڕێگەیەکی گەورەیە کە هەموو مەسیحییەکان دەتوانن پێکەوە کاری بۆ بکەن. دەتوانن کار لە سەر ئامادەکردنی ڕێگای گەڕانەوەی عیسا بکەین. ئەو باوەڕدارانەی کە وەفادار و دڵسۆزن، عیسای مەسیح خۆی پاداشتیان دەداتەوە. لە بەهەشتدا خۆشی بینینی ئەو کەسانەی دەبێت کە بە هۆی شایەتی ئەمەوە ڕزگاریان بووە. ئەو باوەڕدارانەی کە وەفادار و دڵسۆز نین، دەبێت وەڵامی خودا بدەنەوە لە بەرانبەر ئەو هەموو ڕۆحە ونبووەی کە مزگێنی مەسیحی پێڕانەگەیاندوون.

لەبەرکردنی دەق: (کرداری نێردراوان ١: ٨)

تکایە هێمای ڕاست لەنێو ئەو چوارگەشەیەدا دابنێ ئەگەر هاتوو ئایەتەکەت لەبەرکرد. ☐

ڕۆژانە بەسەر بەسەر ئایەتی وانەکانی پێشوودا بچۆوە.

پرسیارەکانی وانەی دەیەم

1. عیسا بە قوتابییەکانی فەرموو کە دەبن بە چی بۆ ئەو؟ (کردار ١: ٨)

....

2. عیسا بە قوتابییەکانی فەرموو کە بۆ بڵاوکردنەوەی پەیامەکەی تا کوێ بڕۆن؟ (کردار ١: ٨)

....

3. پێش کۆتایی هاتنی ئەم ڕۆژگارە، پەیامی مەسیح دەبێت بە کێ بگات؟ (مت ٢٤: ١٤)

....

4. ئەو سێ شتە چی بوو کە پەترۆس لەسەر مەسیح باسی کرد کە ئەم و قوتابییەکانی دیکە شایەت بوون بۆی؟ (کردار ١٠: ٣٩- ٤١)

1) ....

2) ....

3) ....

5. خودا بە پۆڵسی فەرموو کە چی بۆ مەسیح بکات؟ (کردار ٢٢: ١٥)

....

6. پۆڵس هەر لەو ڕۆژەوەی کە باوەڕی بە مەسیح هێنا، بەردەوام خەریکی چی بوو؟ (کردار ٢٦: ٢٢)

....

7. موژدەدەری ڕاستەقینە بە شایەتییەکەی چی دەکات؟ (پەند ١٤: ٢٥)

....

8. باوەڕداری دانا دەبێت چی بکات؟ (پەند ١١: ٣٠)

....

9. کاتێک ئەندراوس مەسیحی دیتەوە، لەبەرانبەردا کێی هێنا بۆ لای مەسیح؟ (یۆ ۱: ۳۵- ٤۲)

....

10. کاتێک فیلیپلۆس مەسیحی دیتەوە، لەبەرانبەردا کێی هێنا بۆ لای مەسیح؟ (یۆ ۱: ٤۳- ٤۷)

....

11. کاتێک فەریسییەکان پرسیاریان لە پیاوە بە زگماک نابیناکە کرد، بە پێی ئەزموونی خۆی چۆن وەڵامی دانەوە؟ (یۆ ۹: ۲۵)

....

12. دەبێت باسی کام دوو ڕاستییە بۆ کەسانی دیکە بکەین؟ (یە. پوخت ۱٦: ۸- ۹)

1) ....

2) ....

13. خودا چی بە پۆڵس فەرموو کاتێک خەڵکی کۆرنسۆس دژی هەستانەوە؟ (کردار ۱۸: ۹)

....

14. پۆڵس بە تیمۆساوسی گوت کە چ ڕۆحێک لە خوداوە نییە؟ (کردار ۱۸: ۹)

....

15. ترسی مرۆڤ چی لەگەڵ خۆی دەنێتەوە؟ (پەند ۲۹: ۲۵)

....

16. پۆڵس چ ڕێنماییەکی دا بە تیمۆساوس سەبارەت بە شایەتیدانی مەسیح؟ (دوو تم ۱: ۸)

....

17. کاتێک پەترۆس و یۆحەنا فەرمانیان پێکرا باسی مەسیح نەکەن، ئەمان وەڵامیان چ بوو؟

1) (کردار ٤: ٢٠) ....

2) (کردار ٥: ٢٩) ....

18. قوتابییەکانی دیکە چییان کرد کاتێک بیستییان کە پەترۆس و یۆحەنا مزگێنیدانیان لێ قەدەغەکراوە؟ (کردار ٤: ٢٤)

....

19. قوتابییەکانی مەسیح چییان کرد کاتێک نوێژیان کرد و پڕبوون لە ڕۆحی پیرۆز؟ (کردار ٤: ٣١)

....

20. خودا چ پلەیەکی تایبەتی بە حزقیێل دا لەناو گەلەکەی؟ (حز ٣: ١٧)

....

21. خودا فەرمووی کە چی بەسەر حزقیێلدا دێت ئەگەر بیتو نەتوانێت گوناهباران ئاگاداربکاتەوە؟ (حز ٣: ١٨)

....

22. ئەو دوو شتە چی بوو کە پۆڵس شایەتی بۆ هەموو دانیشتوانی ئەفەسۆس دا؟ (کردار ٢٠: ٢١)

1) ....

2) ....

23. بۆچی پۆڵس توانی بڵێت کە بێتاوانە لە خوێنی دانیشتوانی ئەفەسۆس؟ (کردار ٢٠: ٢٦- ٢٧)

....

24. پاداشتی کۆتایی ئەوانە چییە کە مزگێنیدەر و موژدەگەری دڵسۆزن؟ (دوو تم ٤: ٨)

....

لەبەرکردنی دەق: (کردار ١: ٨)

ئەم ئایەتە لەبەر بنووسەوە.

....

....

....

....

تکایە مەڕۆ لاپەڕەکەی دیکە تاکو وەڵامی هەموو پرسیارەکان دەدەیتەوە.

نمره و وەڵامی دروستی پرسیارەکانی وانەی دەیەم

پرسیار	وەڵام	نمره
1	شایەت	1
2	تا ئەوپەڕی زەوی	1
3	هەموو گەلان	1
4	1) هەموو ئەو کارانەی کە مەسیح ئەنجامیدا	1
	2) مردنی	1
	3) زیندووبوونەوەی	1
5	شایەتیبدات بۆ خەڵکی بەوەی کە بینیویەتی و بیستوویەتی	3
6	شایەتی بۆ گەورە و بچووک دەدات لەسەر ئەوەی کە نووسراوە پیرۆزەکان ڕاستن	3
7	مرۆڤ ڕزگاردەکات	1
8	خەڵک بباتەوە	1
9	شیمۆنی برای خۆی	1
10	ناتانئیل	1
11	شتێک دەزانم ئەویش ئەوەیە کە من نابینا بووم بەڵام ئێستا دەبینم	2
12	1) کردارەکانی خودا بە گەلان بناسێنین	1
	2) لە کارە سەرسوڕهێنەرەکانی خودا وردبینەوە	1
13	مەترسە و قسەبکە	2
14	ڕۆحی ترس	1
15	تەڵە	1
16	لەبەرانبەر شایەتیدانی مەسیح، هەست بە شەرمەزاری مەکە	2
17	1) ناتوانین هیچ شتێک بکەین جگە لەوەی کە ئەو شتە بڵێین کە بینیمان و بیستمان	2
	2) دەبێت ملکەچی خودا بین نەوەک مرۆڤ	1

18	هەموویان بە یەک دەنگ نوێژیان بۆ خودا کرد	2
19	ئازایانە وشەی خودایان ڕاگەیاند	1
20	خودا کردییە چاودێر	1
21	خودا داوای خوێنیان لەسەر دەستی دەکات	2
22	1) تۆبەکردن بۆ خودا 2) باوەڕهێنان بە عیسای مەسیحی خاوەن شکۆمان	1 1
23	چونکە ڕاینەکرد لە ڕاگەیاندنی تەواوی وشەی خودا بۆیان	2
24	تاجی ڕاستودروستی	1

سەیری ئەو پارچە کاغەزە بکە کە ئایەتەکەت لەسەری نووسیوە. ئەگەر ئایەتەکەت بەباشی لەبەرنەکردووە ئەوا کتێبی پیرۆز بکەوە و ئەوەندە بیخوێنەوە هەتا بەجوانی لەبەریدەکەیت.

ئەگەر بەباشی لەبەرت کرد، ئەوا بۆ هەر ئایەتێک چوار نمرە وەردەگریت. هەر وشەیەکیش بە هەڵە بنووسیت ئەوا نمرەیەکت لێ کەم دەبێتەوە. ئەگەر سێ هەڵەت کردبوو ئەوا هیچ نمرەیەک بەدەستناهێنیت.

پرسیارەکان یەک ئایەت	40 نمرە 4 نمرە
کۆی گشتی نمرەکان	44 نمرە

هەڵسەنگاندن: ٢٢ وەڵامی دروست= ٥٠٪. ٣١ وەڵامی دروست= ٧٠٪. ٣٥ وەڵامی دروست= ٨٠٪

تێبینیی وەڵامە دروستەکانی وانەی دەیەم

1. باوەڕداران دەبێت تەنیا ببنە شایەتی بۆ خودی عیسای مەسیح، نابێت ببنە شایەتی دینێک، فێرکردنێک یاخود ئەزموونێک. مەسیح فەرمووی: "کاتێک لە زەوییەوە بەرزدەکرێمەوە، هەمووان بۆ لای خۆم ڕادەکێشم" (یۆ ۱۲: ۳۲). شایەتی باوەڕداران دەبێت ناوی مەسیح بەرزبکاتەوە. بۆ ئەوەی بەکاریگەرییەوە ئەمە ئەنجام بدرێت، دەبێت پشت بە هێزی ڕۆحی پیرۆز ببەسترێت.

4. بەراورد بکە لەنێوان (کردار ۱: ۲۱- ۲۲) و (کردار ٤: ۳۳). ڕاستی سەرەکی شایەتیدانی مەسیح زیندووبوونەوەیەتی لەنێو مردووان.

5، 6. شایەتیدانی پۆڵس نموونەیە بۆ هەموو باوەڕدارێک. پۆڵس پەیوەست بوو بە ئەزموونی تاکەکەسییەوە. شایەتییەکەی بۆ مەسیح دەگەڕایەوە. سەلماندنی کە نووسراوە پیرۆزەکان ڕاستن.

7، 8. شایەتی دڵسۆز و ڕاستگۆیانەی تاکەکەسی و شەخسی خۆت کاریگەرترین ڕێگەیە بۆ بردنەوەی خەڵکی بۆ لای مەسیح.

9، 10. هەرچەندە ئەندراوسی برای پەترۆس یەکەم جار باوەڕی هێنا و لەڕێگەی ئەمەوە پەترۆسی براشی باوەڕی بە مەسیح هێنا بەڵام پەترۆس بوو بە پێشەنگی قوتابییەکانی دیکە و واعیزی گەورە. پاشان ناتانحێل لەڕێگەی فیلیپۆسەوە باوەڕی بە مەسیح هێنا.

11. پەندێک هەیە دەڵێت: "مرۆڤی خاوەن ئەزموون ناچێتە ژێر ڕکێفی مرۆڤی خاوەن بۆچوون." واتە ئەزموونی شەخسی گەورەترە لە بۆچوون.

12. وتەی باوەڕداران دەبێت ئەرێنی بن و خودا شکۆدار بکەن. بەم شێوەیە باوەڕی خۆی و دەوروبەری بەهێزدەکات.

13، 16، 19. "ڕۆحی ترس" ئەوەی کە پۆڵس لە (دوو تم ۱: ۷) باسی لێوە کردووە، دەبێتە هۆی لەکارخستنی تواناکانت بۆ ئەوەی نەتوانیت شایەتی بدەیت نەوەک کەسانی دیکە باوەڕبهێنن. کتێبی پیرۆز

ڕوونە کە ئەم ڕۆحە لەلایەن خوداوە نییە. باوەڕدار نابێت ڕێگەبدات ئەم ڕۆحە بیبەستێتەوە یان سنووورداری بکات. چارەسەرەکە ئەوەیە کە بە ڕۆحی پیرۆز پڕبیت.

17 (2). بە گشتی هەڵبژاردنی ئەوەی کە ئایا ملکەچی خودا بین یان مرۆڤ، شتێکی ڕوون و یەکلاکەرەوەیە. وەڵامی پەترۆس و یۆحەنا بۆ ئەم ڕۆژگارەش دەبێت.

18. نوێژ چەکێکی بەهێزە کە بە باوەڕداران دراوە بۆ ئەوەی بەسەر ئەو شتەدا زاڵبن کە دەبێتە هۆی ڕێگریکردن لە شایەتیدانیان.

20- 23. کاتێک لە ژیانماندا دەرفەتی ئەوەمان هەیە کە ببین بە شایەتی بۆ کەسانی دیکە. تاوانبار دەبین ئەگەر هاتوو شایەتییەکەمان لە کەسانی دیکە بەدوور بگرین. حزقییێل لە پەیمانی کۆن و پۆڵس لە پەیمانی نویٚ لەمە باش تێگەیشتبوون. خودا داوای لە پۆڵس کردبوو کە بە هیچ جۆرێک پاشەکشە نەکات. خودا داوای لە پۆڵس کرد کە بە ئاشکرا "خواستی تەواوی خودا" ڕابگەیەنێت (کردار ٢٠: ٢٧).

وانەی یازدەیەم

پلانی خودا بۆ خۆشگوزەرانی

بە درێژایی کتێبی پیرۆز خودا پەیمان و بەڵێنی بەرەکەتداربوون و خۆشگوزەرانی بەوانە داوە کە متمانەی پێدەکەن و خزمەتی دەکەن. ئەگەر بمانەوێت بەرەکەتی مادی و دارایی لە خودا وەربگرین دەبێت ملکەچی یاسای باوەڕی خودا بین کە دەڵێت: "ببەخشە، پێت دەبەخشرێت" (لۆ ٦: ٣٨).

ئێمە ئەوەی کە هەمانە پێشکەشی خودای دەکەین. دەیەکی داهاتەکەمان لە پارە و بەرهەم دەبەخشین. یەکەم دەیەک بۆ خودا دابیندەکرێت. لەسەرووی ئەم دەیەکەوە، بەپێی ڕێنمایی ڕۆحی پیرۆز "بەخشین"ـەکانمان پێشکەشی خودا دەکەین. ئەگەر بەوپەڕی باوەڕەوە ئەمە بکەین، خودا بەرەکەتدارمان دەکات و هەموو پێداویستییەکانمان دابین دەکات.

لەبەرکردنی دەق: (مەتا ٦: ٣٣)

تکایە هێمای ڕاست لەنێو ئەو چوارگەشەیەدا دابنێ ئەگەر هاتوو ئایەتەکەت لەبەرکرد. ☐

ڕۆژانە بەسەر بەسەر ئایەتی وانەکانی پێشوودا بچۆوە.

پرسیارەکانی وانەی یازدەیەم

A. نموونەی خۆشگوزەرانی خزمەتکارانی خودا

1. کاتێک خودا لە جەنگدا سەرکەوتنی بە ئیبراهیم بەخشی، لەبەرانبەردا ئیبراهیم چی بە مەلکیسادقی کاهینی خودا بەخشی؟ (پەی **١٤: ١٩- ٢٠**)

....

2. خودا لەبەرانبەردا چۆن لەگەڵ ئیبراهیم هەڵسوکەوتی کرد؟ (پەی **٢٤: ١**)

....

3. ئەو چوار شتە چی بوو کە یاقوب داوای لە خودا کرد بۆی ئەنجام بدات؟ (پەی **٢٨: ٢٠**)

1) ....

2) ....

3) ....

4) ....

4. یاقوب لەبەرانبەردا چ بەڵێنێکی بە خودا دا؟ (پەی **٢٨: ٢٢**)

....

5. ئەی خودا چۆن هەڵسوکەوتی لەگەڵ یاقوب کرد؟ (پەی **٣٣: ١١**)

....

6. یوسف چۆن پیاویک بوو؟ (پەی **٣٩: ٢**)

....

7. هۆکاری خۆشگوزەرانییەکەی یوسف بۆ چی دەگەڕێتەوە؟ (پەی **٣٩: ٢، ٢٣**)

....

8. خودا سەبارەت بە شەریعەتەکەی، کام سێ فرمانەی بە یەشوع دا؟ (یە ١: ٨)

1) ....

2) ....

3) ....

9. خودا چ بەڵێنێکی بە یەشوع دا لەبەرانبەر جێبەجێکردنی ئەو سێ فەرمانەدا؟ (یە ١: ٨)

....

10. داود پەیمانی چی بە سلێمان دا ئەگەر هاتوو ملکەچی فەرز و حوکمەکانی خودا بێت؟ (یە. پوخت ٢٢: ١٣)

....

11. هەموو ئەو ڕۆژانەی کە عوزیا ڕووی لە یەزدان دەکرد، یەزدان چی بۆ دەکرد؟ (دوو. پوخت ٢٦: ٥)

....

12. حەزقیال چی بەسەر هات کاتێک لە قوڵایی دڵیەوە ڕووی لە یەزدان کرد و خزمەتی کرد؟ (دوو. پوخت ٣١: ٢١، ٣٢: ٣٠)

....

B. مەرج و بەڵێنەکانی خۆشگوزەرانی

13. سەبارەت بە جۆرە کەسێکی تایبەت، خودا دەفەرموێت: "لە هەموو کارێک سەرکەوتوو دەبێت" (زەبوور ١: ٣).

a) باسی سێ شت بکە کە ئەو جۆرە کەسە نابێت ئەنجامی بدات (زەبوور ١: ١)

1) ....

2) ....

3) ....

b) باسی دوو شت بکە کە ئەو جۆرە کەسە دەبێت ئەنجامی بدات (زەبوور ١: ٢)

1) ....

2) ....

14. خودا دەڵێت کە ئیسرایلییەکان بە کام دوو ڕێگە تاڵانیان کردووە؟ (مە ٣: ٨)

1) ....

2) ....

15. لە ئەنجامی تاڵانکردنی خودا، ئیسرایل چی بەسەر هات؟ (مە ٣: ٩)

....

16. خودا بە ئیسرایلی گوت کە چۆن تاقیبکاتەوە؟ (مە ٣: ١٠)

....

17. خودا پەیمانی بە ئیسرایل دا کە دواتر چییان بۆ بکات؟ (مە ٣: ١٠)

....

18. ئەو دوو شتە چییە کە عیسای مەسیح بە باوەڕداران دەڵێت کە لەپێش هەموو شتێکی دیکە داوای بکەن؟ (مت ٦: ٣٣)

1) ....

2) ....

19. لە ئەنجامی داواکردنی ئەو دوو شتەدا مەسیح پەیمانی چی دەدات؟ (مت ٦: ٣٣)

....

20. کاتێک دەبەخشین، بە چ پێوانەیەک پێمان دەبەخشرێتەوە؟ (لۆ ٦: ٣٨)

....

21. بە چ پێوەرێک پۆڵس داوا لە باوەڕداران دەکات کە دەبێت چەند پارە بۆ خودا وەلاوە بنێن؟ (یە. کۆ ١٦: ٢)

....

22. عیسای مەسیح بۆ چ مەبەستێک بووە کەسێکی هەژار؟ (دوو. کۆ ٨: ٩)

....

23. خودا چ جۆرە کەسێکی خۆشدەوێت؟ (دوو. کۆ ٩: ٧)

....

24. ئەگەر بمانەوێت بە دڵفراوانی بدروینەوە، یەکەم جار دەبێت چی بکەین؟ (دوو. کۆ ٩: ٦)

....

25. ئەگەر نیعمەتی خودامان بەسەردا بڕژێت، ئەو دوو ئەنجامە کامەن کە لەدوای دێن؟ (دوو. کۆ ٩: ٨)

1) ....
2) ....

26. خودا لەبەرانبەر چ جۆرە کەسێکدا ڕێگە لە چاکە ناگرێت؟ (زەبوور ٨٤: ١١)

....

27. چ جۆرە کەسێک پێویستی بە شتی چاک نابێت؟ (زەبوور ٣٤: ١٠)

....

28. خودا بە چی دڵخۆش دەبێت؟ (زەبوور ٣٥: ٢٧)

....

لەبەرکردنی دەق: (مەتا ٦: ٣٣)

ئەم ئایەتە لەبەر بنووسەوە.

....

....

....

....

تکایە مەڕۆ لاپەڕەکەی دیکە تاکو وەڵامی هەموو پرسیارەکان دەدەیتەوە.

نمره و وەڵامی دروستی پرسیارەکانی وانەی یازدەیەم

پرسیار	وەڵام	نمره
1	دەیەکی هەمووی	1
2	خودا لە هەموو شتێکدا ئیبراهیمی بەرەکەتدار کرد	1
3	1) لەگەڵی بێت 2) لەو ڕێگەیەی کە ڕۆیشت بیپارێزێت 3) نانی بداتێ بیخوات 4) جلی بداتێ لەبەریبکات	1 1 1 1
4	بەڵێنی دا کە هەر چییەکی پێببەخێت، دەیەکی لێ ببەخشێت	1
5	یەزدان بە میهرەبانییەوە هەڵسوکەوتی لەگەڵ کرد	1
6	پیاوێکی سەرکەوتوو بوو	1
7	یەزدان لەگەڵی بوو و هەرچی دەکرد یەزدان سەریدەخست	1
8	1) نابێت لە دەمی دووربکەوێتەوە 2) دەبێت شەو و ڕۆژ لێی ڕابمێنێ 3) دەبێت سەرنج بدات و هەموو ئەو شتانە بکات کە تێیدا نووسراوە	1 1 1
9	ژیانی ڕاستەڕێ دەبێت و سەردەکەوێت	2
10	سەرکەوتوو دەبێت	1
11	یەزدان سەریدەخست	1
12	لە هەموو کارەکانیدا سەریخست	1
13(a)	1) نابێت بەپێی ڕاوێژی بەدکاران بڕوات 2) نابێت لە ڕێگای گوناهباران ڕابوەستێت 3) نابێت لە کۆڕی گاڵتەجاڕان دابنیشێت	1 1 1
13(b)	1) ئارەزووی لە فێرکردنی یەزدان بێت 2) شەو و ڕۆژ لە فێرکردنەکانی وردبێتەوە	1 1
14	1) دەیەک 2) قوربانی	1 1

1	بە نەفرەتێک نەفرەتیان لێکرا	15
1	هەموو دەیەکەکان بۆ ماڵی خەزێنە بهێنن	16
2	پەنجەرەکانی ئاسمان دەکاتەوە و ئەوەندە بەرەکەتیان بەسەردا دەبارێنێت هەتا جێ نەبێت تێی بکەن	17
1 1	1) پاشایەتی خودا 2) ڕاستودروستی خودا	18
1	هەموو ئەم شتانەیان بۆ زیاد دەبێت	19
1	بەو پێوانەیەی کە لەکاتی بەخشیندا بۆ خەڵکیت پێواوە	20
1	با هەریەکەسێک چەندی لە توانادایە بیخاتە لایەک	21
2	تاکو بەهۆی هەژارییەکەیەوە دەوڵەمەند بین	22
1	بەخشەرێکی دڵخۆش	23
1	دەبێت بە دڵفراوانییەوە بچێنین	24
1 1	1) هەمیشە هەموو ئەو شتانەمان دەبێت کە پێویستمانە 2) لە هەموو کارێکی باشدا سەرڕێژ دەبین	25
1	ئەوانەی ڕێگایان تەواوە	26
1	ئەوانەی کە داوای خودا دەکەن	27
1	بە ئاشتی خزمەتکارەکەی	28

سەیری ئەو پارچە کاغەزە بکە کە ئایەتەکەت لەسەری نووسیوە. ئەگەر ئایەتەکەت بە تەواوی لەبەرنەکردووە ئەوا کتێبی پیرۆز بکەوە و ئەوەندە بیخوێنەوە هەتا بەجوانی لەبەریدەکەیت.

ئەگەر بەباشی لەبەرتکرد ئەوا چوار نمرە وەردەگریت. هەر وشەیەکیش بە هەڵە بنووسیت، نمرەیەکت لێ کەم دەبێتەوە. ئەگەر سێ هەڵەت کردبوو ئەوا هیچ نمرەیەک بەدەستناهێنیت.

پرسیارەکان یەک ئایەت	43 نمرە 4 نمرە
کۆی گشتی نمرەکان	47 نمرە

هەڵسەنگاندن: ٢٤ وەڵامی دروست= ٥٠٪، ٣٣ وەڵامی دروست= ٧٠٪، ٣٨ وەڵامی دروست= ٨٠٪

تێبینیی وەڵامە دروستەکانی وانەی یازدەیەم

ئەم ژمارانەی خوارەوە پەیوەندی بە ژمارەی وەڵامە ڕاستەکانەوە هەیە.

1- 5. سەرنجی ئەوە بدە کە بەخشینی دەیەک لەگەڵ شەریعەتی موسادا نەهات. لە کتێبی پیرۆزدا ئیبراهیم یەکەم کەسە کە بەخشینی دەیەکی دابێت. لە (ڕۆ ٤: ١١- ١٢) بە ئیبراهیم وتراوە "باوکی هەموو ئەوانەی کە باوەڕدەهێنن ..... کەوتوونەتە شوێن باوەڕی ئیبراهیمی باوکمان." ئەو باوەڕدارانەی کە ئەمڕۆ بەخشینی دەیەک دەدەن، بەدڵنیاییەوە شوێن باوەڕی ئیبراهیم کەوتوون. هەروەها سەرنجی ئەوە بدە کە ئەو کاهینەی کە ئیبراهیم بەخشینەکەی پێدا، مەلکیسادق بوو. بەپێی (عب ٥- ٧) عیسای مەسیح سەرۆک کاهینی ئێمەیە بەگوێرەی "فرمانی مەلکیسادقی سەرۆک کاهین." عسای مەسیح ئەمڕۆ وەکو سەرۆک کاهین بەخشینی دەیەکی باوەڕداران وەردەگرێت.

لە ئەنجامی بەخشینی دەیەکەوە، ئیبراهیم و یاقوب تەجروبەی بەرەکەتی مادی خودایان کرد. لە (پەی ٣١: ١٠) یاقوب دەڵێت: "بە خۆم و گۆچانەکەمەوە لەم ڕووباری ئوردونە پەڕیمەوە، بەڵام ئێستا بوومەتە دوو لەشکر." کاتێک یاقوب دەستی کرد بە بەخشینی دەیەک بە خودا، خاوەنی هیچ نەبوو جگە لە گۆچانەکەی دەستی. دوای بیست ساڵ بوو بە خاوەنیماڵێکی گەورە و سامانێکی زۆر.

6، 7. بارودۆخی دشوار و ناهەموار ناتوانێت ببێتە ڕێگر لەبەردەم جێبەجێکردنی بەڵێنەکانی یەزدان. یوسف تەنانەت لە زیندانیش هەر سەرکەوتوو بوو. کاتێک لە میسر بوو بە سەرکردەیەکی مەزن، تەنانەت سەرکەوتووتر بوو. سەرکەوتنەکەی یوسف بەهۆی کەسایەتی و پەیوەندی بوو لەگەڵ خودا.

8، 9. یەشوع بانگکرا کە گەلی خودا بباتە ناو خاکی بەڵێنپێدراو. ئەمڕۆ باوەڕداران بانگکراون کە بچنە ناو "خاکی بەڵێنەکان." ئەوکات و ئێستاش، بنەماکانی سەرکەوتن هەمان شتن. سەرنجی ئەوە بدە کە کلیلی ئەمە بریتییە لە ڕامانی دروست. ئەمە بە وەڵامی (b13) بەراوردبکە.

10، 11، 12. هەر لە سەردەمی داودەوە هەتا ڕاپێچکردن و بەکۆیلەگرتنی گەلی خودا لە بابل، یەزدان هەموو ئەو پاشایانەی یەهودای بەرەکەتدار کردبوو کە ملکەچی شەریعەت بوون و دڵسۆزبوون لە خزمەتکردنی پەرستگادا.

13. سەرنجی ئەوە بدە کە (زەبوور ١: ١- ٣) بۆ هەموو ئەو باوەڕدارانە نووسراوە کە بە پێی ئەم وشانە دەژین.

14، 15. کاتێک گەلی خودا دڵسۆزنین لە بەخشینیان بە خودا، دەکرێت نەفرەت بێتە سەر هەموو گەلەکە. ئەمە هەموو نەتەوە و گەلێک دەگرێتەوە، تەنیا پەیوەندی بە گەلی ئیسراییلەوە نییە.

16- 21. باوەڕ تاکە بنەمایەکی ڕاستودروستییە کە خودا قبوڵی دەکات. "ئەوەی لە باوەڕەوە نییە، گوناهە" (ڕۆ ١٤: ٢٣) ئەمە بەراوردبکە بە (عب ١١: ٦). ئەمە بابەتی مامەڵەکردنمان لەگەڵ پارە و هەموو لایەنەکانی دیکەی ژیانیشمان دەگرێتەوە.

22. بەپێی کتێبی پیرۆز، هەژاری و برسییێتی جۆرێکە لە نەفرەت. (دوا ٢٨: ١٥- ٦٨) باسی ئەو نەفرەتانە باسدەکات کە لە ئەنجامی شکاندنی شەریعەتی خوداوە ڕوودەدات. (ئایەتی ٤٨) باسی ئەمانە دەکات: "دەبێت لەکاتی برسییێتی، تینوێتی، ڕووتی و نەداری لە هەموو شتێک، خزمەتی دوژمنەکەت بکەیت." ئەمە ئەوپەڕی هەژارییە. عسای مەسیح لەسەر خاچ هەموو ئەم نەفرەتانی گرتە ئەستۆ (گل ٣: ١٣- ١٤). مەسیح برسیبوو، تیبوو بوو و نەداری هەموو شتێک بوو. مەسیح ئەمانەی کێشا تاکو باوەڕداران بەپێی دەوڵەمەندی خودا هەموو پێداویستییەکانیان دابینبکرێت (فل ٤: ١٩).

23. لە (دوو. کۆ ٩: ٧) وشەی "دڵخۆش" واتە "پێکەنیناوی."

24. باوەڕدارانی مەسیح دەبێت وەک تۆو وەشاندنی جوتیار هاوکارییەکانیان ببەخشن. دەبێت بە وریایی و دانیاییەوە بەو شوێنانەی ببەخشن کە زۆترین بەرهەمی بۆ شانشینی خودا دەبێت.

26، 27، 28. خۆشگوزەرانی ویست و خواستی خودایە بۆ ئەو باوەڕدارانەی کە ملکەچی دەبن.

دووەم هەڵسەنگاندنی گەشەسەندن

دیسان پیرۆزباییت لێدەکەین!

یازدە وانەی یەکەمت تەواوکرد، واتە زیاتر لە نیوەی ڕامانەکەت بەسەرکەوتوویی بڕیوە.

شەش وانەی یەکەم تیشکی خستبووەسەر پەیامی ڕزگاری و بناغەیەکی بۆ پێکەوژیانت لەگەڵ مەسیح بنیاتنا. گرنگی تەعمیدکردنی ئاوت زانی و واتای تەعمیدی ڕۆحیش فێربووی.

لەڕێگەی تەواوکردنی ئەم پێنج وانەیەی دیکە، پێت نا هەنگاوێکی دیکەی قوڵتر لە ژیان لەگەڵ مەسیح. لەڕێگەی ئەم پێنج وانەیەوە ئاشنای بابەتەکانی پەرستن و نوێژ و شایەتیدان بوویت. هەروەها بۆت دەرکەوت کە خودا دەتوانێت پێویستییە جەستەیی و مادییەکانت بۆ دەستەبەربکات.

بیر لەمە بکەوە! ئێستا تۆ نەک تەنیا وەڵامت بۆ پێویستییە گرنگەکانی خۆت پێیە بەڵکو وەڵامت بۆ خەڵکێکی بێشومار پێیە کە وەکو پێشتری تۆ ئازاردەچێژن و کێشەیان هەیە. تۆ چیدیکە بەشێک نیت لە کێشەکان، بەڵکو بەشێکی لە چارەسەر! دەتوانیت ببیت بە ڕوناکی بۆ ئەوانەی کە لەدەوروبەرتن و لەتاریکیدان. لە بنەڕەتەوە ئەو هەنگاوەت بڕیوە و ئامادەیی ئەوەت تێدایە کە عیسای مەسیح بە خەڵکی دیکە بناسێنیت و باسی ئەزموونی تایبەتی خۆتیان بۆ بکەیت.

چ بەرپرسیارییەتیەکی مەزنە! ئەگەر بەدەست خۆت بوایە، ئەوا هەرگیز نەتدەتوانی ئەم تاقیکردنەوەیە ببڕیت. بەڵام خودا ئەمەی بە تۆ بەجێنەهێشت، بەڵکو پێداویستی تەواوی بۆ دابینکردیت تاکو ژیانێک ببەیتە سەر کە لە هەموو بارودۆخێکدا نیعمەت و شکۆی ئەو ڕەنگبداتەوە.

تا ئێستا گەڕاوی بە دوای ١٧٠ پرسیار و وەڵامەکانیت پەیداکردوون. هەروەها ١٦ ئایەتت لەبەرکردووە. خۆشحاڵین کە زانیاریت لەسەر کتێبی پیرۆز بەخێرایی لەگەشەسەندندایە.

لە پێنج وانەی داهاتوودا گرنگی ئیسرائیلت لە کتێبی پیرۆزدا بۆ دەردەکەوێت. پلانی خودا بۆ گەلەکەی چی بوو؟ هەروەها دەبینیت کە پێشبینییەکانی پەیمانی کۆن لە پەیمانی نوێدا هاتوونەتەدی. لەسەرووی هەموویەوە بۆت دەردەکەوێت کە خزمەتەکەی موسا و عیسا چۆن لەیەکتر دەچن؟

پێداچوونەوەی دووەم

پێش ئەوەی بڕۆیتە وانەی دوازدەیەم، سەیربکە و بزانە لە هەموو ئەو بابەتانە بەباشی تێگەیشتووی کە لە وانەی حەوت تا یازدە خوێندمان. ئەگەر لە مەبەست و ئامانجی وانەکانی پێشتر بەتەواوی گەیشتیت ئەوا ئەوکات دەتوانیت باشتریش لە وانەکانی داهاتوو بگەیت. ئەو شێوازەی لەم پێداچوونەوەیەدا پەیڕەودەکرێت، هەروەکو پێداچوونەوەی یەکەمە.

یەکەم: پێداچوونەوەیەکی ورد بکە لەسەر پرسیار و وەڵامەکانی پێنج وانەی ڕابردوودا. بزانە ئایا لە پرسیارەکان تێدەگەیت و وەڵامەکانیان بەباشی دەزانیت.

دووەم: بەسەر ئەو پێنج دەقەی کتێبی پیرۆزدا بچۆوە کە لەم پێنج وانەیەدا لەبەرتکردووون.

سێیەم: بەباشی ئەم پرسیارانەی خوارەوە بخوێنەوە و سەرنجی وەڵامەکانیان بدە. پرسیارەکان پەیوەستن بەو وانانەی کە تا ئێستا خوێندوومانن.

1. بەپێی کتێبی پیرۆز چ هۆکارێک هەیە کە وابکات بتوانین هەتا ئەمڕۆش باوەڕمان بەوە هەبێت کە خودا ئەوانە شیفادەدات کە متمانەی پێدەکەن؟
2. خودا کام سێ ڕێگەی شیفادان و چاککردنەوە بەکاردێنێت؟ چۆن دەتوانیت سوود لەمانە وەربگریت؟
3. بەکورتی شایەتییەکی خۆت بنووسە کە چۆن خودا ژیانتی گۆڕیوە بەجۆرێک کە دەتوانی لەگەڵ خەڵکی دیکەدا باسی بکەیت؟
4. بەکورتی وەسفی ئەو جۆرە کەسانە بکە کە خودا لەبارەیانەوە دەفەرموێت: "لە هەموو شتێکدا سەرکەوتووی دەکەم" (زەبوور ١: ٣)

لەسەر پارچە کاغەزێکی جیاواز وەڵامی ئەو پرسیارانەی سەرەوە بنووسە.

تێبینی: وەڵامی ئەم پرسیارانەی سەرەوە هیچ نمرەیەکی لەسەر نییە، تەنیا مەبەستمان ئەوەیە کە دڵنیابیت لەوەی کە ئەوەی فێربوویت بە باشی لە مێشک و دڵتدا چەسپاوە. لە دوای ئەنجامدانی ئەو شتانەی کە لێرەدا باسمان کردوون، تکایە بڕۆ بۆ وانەی دوازدەیەم.

وانەی دوازدەیەم

پلانی تایبەتی خودا

ناساندن

یەزدان نزیکەی **١٩٠٠** ساڵ پ ز، پیاوێکی هەڵبژارد بە ناوی ئەبرام (دواتر ناوەکەی بوو بە ئیبراهیم) تاکو ببێتە باوکی ئەو گەلەی کە پلانی چارەنووسێکی تایبەتی بۆ داڕشتووە. یەزدان پەیمانێکی لەگەڵ ئیبراهیم بەست و بەڵێنی پێدا کە لە ڕێگەی نەوەکانییەوە هەموو گەلانی جیهان بەرەکەتدار دەبن. پاشان خودا ئەم بەڵێنەی لەگەڵ ئیسحاقی کوڕی و یاقوبی نەوەی ئیبراهیم (کە دواتر ناوی گۆڕا بۆ ئیسرائیل) دووپاتکردەوە.

یەزدان دوای تێپەڕبوونی **٤٣٠** ساڵ، لەڕێگەی موساوە پەیمانێکی زیاتری لەگەڵ نەوەکانی یاقوب بەست، واتە گەلی ئیسرائیل. یەزدان لەو پەیمانەدا کۆمەڵە یاسایەکی تەواوی پێبەخشین و وێنەیەکی تەواوی چارەنووسیانی بۆ دەرخستن. پاشان یەزدان پێغەمبەری بۆ گەلی ئیسرائیل دەنارد تاکو پێیان بڵێت کە چارەنووسیان چۆن دەبێت.

لەبەرکردنی دەق: (دەرچوون ١٩: ٥- ٦)

تکایە هێمای ڕاست لەنێو ئەو چوارگەشەیەدا دابنێ ئەگەر هاتوو ئایەتەکەت لەبەرکرد. ☐

ڕۆژانە بەسەر بەسەر ئایەتی وانەکانی پێشوودا بچۆوە.

پرسیارەکانی وانەی دوازدەیەم

A. ئیبراهیم خواست و ویستی یەزدانی بۆ ئاشکراکرا

1. خودا بەڵێنی بە ئیبراهیم دا کە چەند کەس لەڕێگەی ئەمەوە بەرەکەتدار دەبێت؟ (پەی ١٢: ٣)

....

2. بەپێی چ بنەمایەک خودا ئیبراهیمی بە ڕاستودروست دانا؟ (پەی ١٥: ٦)

....

3. خودا بەڵێنی دا کە ئیبراهیم بکات بە باوکی چەند نەتەوە؟ (پەی ١٧: ٤- ٥)

....

4. خودا پەیمانێکی هەتاهەتایی لەگەڵ کێ بەست؟ (پەی ١٧: ٧)

....

5. لەم پەیمانەدا خودا چ بەڵێنێکی بە ئیبراهیم دا؟ (پەی ١٧: ٧)

....

6. کام دوو نەوەی ئیبراهیم پاشان ناویان لە پەیمانەکەدا هاتبوو؟ (دەر ٦: ٣- ٤، لێڤ ٢٦: ٤٢)

....

7. خودا چ ناوێکی نوێی بە یاقوب بەخشی؟ (پەی ٣٥: ١٠)

....

8. خودا کام دوو وێنەی نیشان ئیبراهیم دا لە وەسفی ژمارەی نەوەکانیدا؟ (پەی ٢٢: ١٧)

1) ....

.... (2

9. خودا بەڵێنی بە ئیبراهیم دا کە لە ڕێگەی نەوەی ئەمەوە چەند کەس بەرەکەتدار دەبێت؟ (پەی ٢٢: ١٨)

....

10. بۆچی خودا ئەم بەڵێنەی بە ئیبراهیم دا؟ (پەی ٢٢: ١٨)

....

11. خودا داوای لە ئیبراهیم کرد چی بۆ منداڵەکانی و ماڵەکەی بکات تاکو ئەوە وەرگرێت کە بەڵێنی پێداوە؟ (پەی ١٨: ١٩)

....

B. موسا ویست و خواستی یەزدان بۆ ئاشکراکرا

12. ئەو یەکەم دوو فەرمانە کامە بوو کە یەزدان بە ئیسرائیلییەکانی دا کاتێک چوونە کێوی سینا؟ (دەر ١٩: ٥)

.... (1

.... (2

13. یەزدان بەڵێنی بە گەلی ئیسرائیل دا بیکات بە کام سێ شتە ئەگەر هاتوو گوێ لە خودا بگرن و فەرمانەکانی جێبەجێ بکەن؟ (دەر ١٩: ٥- ٦)

.... (1

.... (2

.... (3

14. خودا بەڵێنی چ شتێکی دیکەی بە گەلی ئیسرائیل دا بە هەمان ئەو مەرجانە؟ (دوا ٢٨: ١)

....

15. باسی دوو ڕێگە بکە کە بەڵێنی خودا کاردەکاتە سەر شێوازی هەڵسوکەوتکردنی گەلەکانی دیکە بەرانبەر ئیسراییل؟ (دوا ٢٨: ١٠)

1) ....

2) ....

16. ئەنجامی پاراستنی پەیمانی خودا لەلایەن ئیسراییلەوە چییە؟ (دوا ٢٩: ٩)

....

C. ویست و خواستی خودا لە زەبوورەکان و پێغەمبەرەکاندا دەرکەوتووە

17. باسی دوو ڕێگە بکە کە بەهۆیەوە بەرەکەت و چاکەی خودا لەبەرانبەر ئیسراییلدا کاردەکاتە سەر هەموو جیهان. (زەبوور ٦٧: ١- ٢)

1) ....

2) ....

18. یەزدان بەڵێندەدات کە ڕۆحی خۆی لەسەر خزمەتکارە هەڵبژێردراوەکەی دابنێت. ئەو خزمەتکارە چ بۆ نەتەوە ناجولەکەکان دەکات؟ (ئی ٤٢: ١)

....

19. باسی دوو شت بکە کە یەزدان ئەم خزمەتکارە دیاریدەکات کە بۆ ئیسراییل و گەلەکانی دیکە بێت. (ئی ٤٢: ٦)

1) ....

2) ....

20. یەزدان بڕیاری دا کە ئیسراییل ببێت بە دوو شت بۆی، ئەو دوو شتە چی بوو؟ (ئی ٤٣: ١٠)

1) ....

2) ....

21. خودا ئارەزووی دەکرد کە بە کام سێ شێوە ئیسرایلییەکان وەڵامی ئاشکراکردنەکەی بدەنەوە؟
(ئی ٤٣: ١٠)

1) ....

2) ....

3) ....

پێغەمبەرەکان وێنەی سەردەمی داهاتوومان نیشاندەدەن کاتێک کە مەبەست و خواستی یەزدان بۆ ئیسراییل دێتەدی. ئەم پرسیارانەی خوارەوە تایبەتە بەو کاتە.

22. بە هۆی کام دوو مەبەستەوە، گەلی خودا سەردەکەونە سەر کێوی یەزدان؟ (ئی ٢: ٢- ٣)

1) ....

2) ....

23. کام دوو شتە لە سییۆنەوە بەرەو ئۆرشەلیم دەردەچێت؟ (ئی ٢: ٣)

1) ....

2) ....

24. کاتێک تاریکی سەر زەوی دادەپۆشێت، یەزدان چی بۆ سییۆن دەکات؟ (ئی ٦٠: ٢)

....

25. ئەوکات نەتەوەکانی دیکە و پاشاکان چی دەکەن؟ (ئی ٦٠: ٣)

....

26. کاتێک خاکی ئیسراییل بنیاتدەنرێتەوە، کام دوو نازناو دەدەرێت بە جوولەکەکان؟ (ئی ٦١: ٤- ٦)

1) ....

2) ....

27. بەهۆی کام دوو هۆکارەوە زۆرێک لە گەلان و نەتەوە بەهێزەکان دێنە ئۆرشەلیم؟ (زە ٨: ٢٢)

1) ....

2) ....

28. ئەوکات گەلانی دیکە چی بە جوولەکان دەڵێن؟ (زە ٨: ٢٣)

....

لەبەرکردنی دەق: (دەرچوون ١٩: ٥- ٦)

ئەم دوو ئایەتە لەبەر بنووسەوە.

....

....

....

....

....

....

....

....

تکایە مەڕۆ لاپەڕەکەی دیکە تاکو وەڵامی هەموو پرسیارەکان دەدەیتەوە.

نمره و وەڵامی دروستی پرسیارەکانی وانەی دوازدەیەم

پرسیار	وەڵام	نمره
1	هەموو نەتەوەکانی سەر زەوی	1
2	بەپێی بنەمای باوەڕی بە یەزدان	1
3	چەندین نەتەوە	1
4	لەگەڵ ئیبراهیم و نەوەکانی	1
5	بەڵێنی پێدا کە ببێتە یەزدانی ئەو و نەوەکانی	1
6	ئیسحاق و یاقوب	1
7	ئیسراییل	1
8	1) ئەستێرەکانی ئاسمان 2) لمی کەنار دەریا	1 1
9	هەموو گەلانی سەر زەوی	1
10	چونکە ئیبراهیم ملکەچی دەنگی یەزدان بوو	1
11	فرمانیان پێبکات کە ڕێگەی خودا بپارێزن بە ئەنجامدانی کاری ڕاستودروست و دادپەروەرانە	2
12	1) ملکەچبوونی دەنگی یەزدان 2) جێبەجێکردنی پەیمانی یەزدان	1 1
13	1) گەنجینەیەکی تایبەت بۆ یەزدان لەسەرووی هەموو گەلانی دیکەوە 2) شانشینی کاهینان 3) گەلێکی پیرۆز	1 1 1
14	لەسەرووی هەموو نەتەوەکانی سەر زەویتان دادەنێت	1
15	1) بۆیان دەردەکەوێت کە بە ناوی یەزدانەوە بانگکراون 2) لە ئیسراییل دەترسن	1 1
16	لە هەموو ئەو کارانەدا کە دەیکەن سەرکەوتوو دەبن	1
17	1) ڕێگای یەزدان لەسەر زەوی دەناسرێت	1

1	2) ڕزگاری خودا لەنێو هەموو گەلاندا دەناسرێت	
1	دادپەروەری بۆ ناجولەکەکان دێنێت	18
1	1) پەیمان بۆ گەل (ئیسراییل)	19
1	2) ڕووناکی بۆ ناجولەکەکان	
1	1) شایەت	20
1	2) خزمەتکار	
1	1) زانین	21
1	2) باوەڕهێنان	
1	3) تێگەیشتن	
1	1) یەزدان فێری ڕێگاکانی خۆیان دەکات	22
1	2) تاکو بە ڕێچکەکانی یەزداندا بڕۆن	
1	1) شەریعەت	23
1	2) وشەی یەزدان	
2	یەزدان بەسەر سییۆندا گزنگ دەدات و شکۆمەندییەکەی بەسەرییەوە دەبینرێت	24
2	نەتەوەکان بەرەو ڕووناکی ئەو و پاشاکانیش بەرەو گزنگی ڕووناکی دێن	25
1	1) کاهینانی یەزدان	26
1	2) خزمەتکارانی یەزدانمان	
1	1) ڕوو لە یەزدانی سوپاسالار بکەن	27
1	2) لە یەزدان بپاڕێنەوە	
2	ڕێگەمان بدە لەگەڵتان بێین، بیستوومانە خوداتان لەگەڵە	28

سەیری ئەو پارچە کاغەزە بکە کە ئایەتەکانت لەسەر نووسیوە. ئەگەر ئایەتەکانت بەباشی لەبەرنەکردووە ئەوا کتێبی پیرۆز بکەوە و ئەوەندە بیانخوێنەوە هەتا بەجوانی لەبەریاندەکەیت.

ئەگەر بەباشی لەبەرت کردن، ئەوا بۆ هەر ئایەتێک چوار نمرە وەردەگریت. هەر وشەیەکیش بە هەڵە بنووسیت ئەوا نمرەیەکت لێ کەم دەبێتەوە. ئەگەر سێ هەڵەت کردبوو ئەوا هیچ نمرەیەک بەدەستناهێنیت.

پرسیارەکان	46 نمرە
دوو ئایەت	8 نمرە
کۆی گشتی نمرەکان	54 نمرە

هەڵسەنگاندن: ٢٧ وەڵامی دروست= ٥٠٪. ٣٨ وەڵامی دروست= ٧٠٪. ٤٣ وەڵامی دروست= ٨٠٪

تێبینیی وەڵامە دروستەکانی وانەی دوازدەیەم

ئەو ژمارانەی خوارەوە پەیوەندی بە ژمارەی وەڵامە ڕاستەکانەوە هەیە.

1. هەر لە سەرەتاوە مەبەست و خواستی یەزدان بۆ هەموو گەل و نەتەوەیەک بوو.

2. باوەڕی ئیبراهیم بنەمای پەیوەندی خۆی و یەزدان بوو.

3. ئەبرام واتە "باوکی پایەبەرز." ئیبراهیم واتە "باوکی کۆمەڵێکی بێشوماری خەڵک." هەر لە سەرەتاوە پلانی یەزدان لە سەرووی نەوەکانی ئیبراهیمەوە بوو. پلانی خودا هەموو گەل و نەتەوەیەکی گرتەوە.

4، 5. پەیمان ڕەسمیترین بەڵێنی یەزدانە. هەموو پەیوەندییەکی هەتاهەتایی دەبێت لەسەر بنەمای بەڵێن بێت (زەبوور ٥٠: ٥)

6، 7. پەیمانی یەزدان یەکەم جار بۆ ئیسحاق دووپاتکرایەوە (نەوەک ئیسماعیل)، پاشان بۆ یاقوب (کە دواتر ناوی گۆڕا بۆ ئیسراییل)؛ پاشان بۆ ئەو گەلەی کە نەوەی یاقوب بوو کە پێیان دەوترا ئیسراییل.

8، 9. یەزدان پێداگری لەسەر ئەوە کرد کە ئەو نەوەیەی لەڕێگەی ئیبراهیمەوە بەرەکەتدار دەبن، لەوە زۆرترە کە ئیبراهیم بتوانێت بیری لێبکاتەوە یان بیژمێرێت.

10. باوەڕی ئیبراهیم لەڕێگەی ملکەچبوونیەوە دەرکەوت، بەڕادەیەک کە ئامادەبوو ئیسحاقی کوڕی بکاتە قوربانی.

11. شێوازی فێرکردن و هەڵسوکەوتکردنی ئیبراهیم لەگەڵ ماڵ و کەسوکارەکەیدا بوو بە بنەمایەکی خودایی بۆ هەموو باوکەکان. هەر لەبەر ئەمەش بوو کە یەزدان هەڵیبژارد.

12. کلیلی وەرگرتنی بەرەکەتی یەزدان بریتییە لە ملکەچبوون بۆ دەنگی یەزدان (بەراورد بکە لە نێوان (دەر ١٥: ٢٦ و دوا ٢٨: ١- ٢).

13. ئەم سێ بەڵێنە مەبەست و خواستی یەزدانە بۆ ئیسراییل.

14، 15. یەزدان دەیەوێت کە ئیسراییل ببێتە پێشەنگ و نموونەیەک بۆ هەموو گەلانی دیکە.

16. سەیری تێبینی ژمارە 12 بکە.

17. یەزدان دەیەوێت ئەو بەرەکەتەی کە بەخشیویەتی بە ئیسرایيل، لەوێوە بڕژێتە سەر نەتەوەکانی دیکەش.

18، 19. لەکۆتاییدا، مەبەست و خواستی خودا بۆ ئیسرایيل لەڕێگەی ئەو خزمەتکارە هەڵبژێردراوانەی کە لێرەدا ئاماژەی پێکراوە دێتەدی.

20. سەیری تێبینییەکانی ژمارە 14، 15 و 18، 19 بکە.

21. ئەم سێ وەڵامە شتێکی سەرەکییە بۆ ئیسرایيل بۆ بەدیهێنانی مەبەست و خواستی خودا.

22، 23. یەزدان دەیەوێت کە ئۆرشەلیم ببێتە ناوەندی فێرکردنی ڕۆحی هەموو گەل و نەتەوەکان.

24، 25. پاش ئەوەی کە ماوەیەک تاریکی و نەهامەتی هەموو دنیا دەگرێتەوە، ئەوکات ئەم ڕۆژگارە کۆتایی پێدێت، لە ناوەڕاستی ئەو تاریکییەدا خودا یەکەم جار شکۆی خۆی بۆ سییۆن دەردەخات و لەڕێگەی سییۆنیشەوە بۆ هەموو نەتەوە و گەل و فەرمانڕەواکانیان.

26. بنیاتنانەوە و نوێبوونەوەی ئیسرایيل مەبەستی سەرەکی خودا بەدێدێنێت کە لە (دەر ١٩: ٦) باسی لێوەکراوە.

27، 28. سەیری تێبینییەکانی ژمارە 22، 23 بکە.

وانەی سێزدەیەم

شکست و کڕینەوە

ناساندن

یەزدان لەڕێگەی موساوە پەیمانێکی لەگەڵ ئیسراییل بەست کە دوو لایەنی پێچەوانەی هەبوو. ئەگەر ئیسراییل وەفادار و دڵسۆزبێت بەرانبەر بە پەیمانەکە، ئەوکات لە هەموو گەل و نەتەوەیەک زیاتر بەرەکەتداردەبن. بەڵام ئەگەر وەفادار نەبن بەرانبەر ئەو پەیمانە، ئەوا خودا زنجیرەیەک حوکمی سەختی بەردەوام لەزیادبوون دێنێتە سەریان. لە مێژوودا دەبینین کە ئیسراییل دڵسۆز و وەفادار نەبووە، هەربۆیە هەموو ئەو حوکمانەی کە یەزدان پێشبینی کردبوو هاتە سەر ئیسراییل.

بەڵام سەرەڕای ئەمەش، یەزدان بەڵێنی دا کە لە سەردەمانی داهاتوودا کەسێک دێت بۆ سییۆن و ئیسراییل دەکڕێتەوە و لە گوناهەکانیان خۆشدەبێت و لە هەموو تاوانێک پاکیان دەکاتەوە، ئەوکات بۆ جارێکی دیکە ئیسراییل دەبێتەوە بە گەلێکی پیرۆز.

لەبەرکردنی دەق: (ئیشایا ٤٣: ٢٥)

تکایە هێمای ڕاست لەنێو ئەو چوارگەشەیەدا دابنێ ئەگەر هاتوو ئایەتەکەت لەبەرکرد. ☐

ڕۆژانە بەسەر بەسەر ئایەتی وانەکانی پێشوودا بچۆوە.

پرسیارەکانی وانەی سێزدەیەم

A. کەوتن و شکستخواردنی ئیسراییل

1. موسا ئیسراییلی لە چی ئاگادارکردەوە کە لە دوای مردنی ئەنجامی دەدەن؟ (دوا **٣١: ٢٩**)

....

2. بۆچی لە ڕۆژانی داهاتوودا ئیسراییل تووشی خراپە و ناخۆشی دەبێت؟ (دوا **٣١: ٢٩**)

....

3. یەزدان سێ جار ئیسراییلی ئاگادارکردەوە کە کارێک نەکەن، ئەو کارە چی بوو؟ (لێ **٢٦: ٢١، ٢٣، ٢٧**)

....

4. ئەگەر ئیسراییل ئاگادارکردنەوەکانی یەزدان ڕەتبکەنەوە و پشتگوێی بخەن، ئەوا تووشی کۆمەڵە دەرەنجامێکی خراپ دەبن. باسی ئەمانەی خوارەوە بکە کە لە (لێ **٢٦**)دا هاتووە:

1) (ئایەتی **٢٥**)

a. ....

b. ....

c. ....

2) (ئایەتی **٢٩**) ....

3) (ئایەتی **٣١**)

a. ....

b. ....

c. ....

4) (ئایەتی **٣٢**)

a. ....

b. ....

5) (ئایەتی ٣٣)

a. ....

b. ....

5. ئەو کێشانەی کە لەو چوار وەڵامەی سەرەوەدا ئاماژەی پێکراوە، ئیسراییل تووشی کامیان بوو؟

....

6. دانیال دانی بەوەدا نا کە گەلەکەی چەندین گوناهیان کردووە. باسی ئەو گوناهانەی گەلەکەی بکە کە لە (دان ٩: ٥)دا ئاماژەی پێکراوە.

1) .... 2) ....

3) .... 4) ....

5) ....

7. بە چ شێوەیەک ئیسراییل سەرپێچی لە دەنگی یەزدان کرد؟ (دان ٩: ١٠)

....

8. ئەگەر ئەمڕۆ دانیال لە ژیاندا بوایە، دەبوایە دانی بە چەند گوناهی دیکەی ئیسراییلیەکاندا بنابا؟

....

B. ڕزگاریی یەزدان

9. یەزدان ئیسراییلی ئاگادارکردەوە کە لە خاکەکەیاندا دەردەکرێن، بەڵام بەڵێنی پێدان کە دوو شتیان پێناکات، ئەو دوو شتە چی بوو؟ (لێڤ ٢٦: ٤٤)

1) ....

2) ....

10. یەزدان چی بەبیردێتەوە کە دەبێتە هۆی ئەوەی بەزەیی بە ئیسرائیلدا بێتەوە؟ (لێڤ **٢٦: ٤٥**)

....

11. داود نوێژی کرد کە لە سییۆنەوە چی دەربکەوێت؟ (زەبوور **١٤: ٧**)

....

12. ئەو ڕۆژەی کە تووڕەیی خودا دادەمرکێتەوە، ئیسرائیل لەبارەی ڕزگاری یەزدانەوە چی دەڵێت؟ (ئی **١٢: ٢**)

....

13. بە کام دوو شێوە خودا خۆی بۆ ئیسرائیل دەردەخات؟ (ئی **٤٣: ٣**)

1) ....

2) ....

14. ئایا هیچ ڕزگارکارێکی دیکە بوونی هەیە؟ (ئی **٤٣: ١١**)

....

15. یەزدان لەبارەی یاخیبوونەکانی ئیسرائیلەوە چ بەڵێنێکی دا؟ (ئی **٤٣: ٢٥**)

....

16. یەزدان لەبارەی گوناهەکانی ئیسرائیلەوە چ بڕیارێکی دا؟ (ئی **٤٣: ٢٥**)

....

17. یەزدان لە سییۆن بەڵێنی دا ئەو کەسەی کە دەیکڕێتەوە دێت بۆ لای کێ؟ (ئی **٥٩: ٢٠**)

....

18. چی دێت بۆ سییۆن؟ (ئی **٦٢: ١١**)

....

19. چی لەگەڵیەتی؟ (ئی ٦٢: ١١)

....

20. چی لەبەردەمیەتی؟ (ئی ٦١: ١١)

....

21. ئەو کاتەی کە یەزدان ئیسراییل دووبارە بنیاتدەنێتەوە، بە کام دوو ڕێگە لەگەڵ خراپە و گوناهەکانیان دەجوڵێتەوە؟ (یەر ٣٣: ٧- ٨)

1) ....

2) ....

22. ئەو ڕۆژەی کە یەزدان ئیسراییلیەکان دەگەڕێنێتەوە سەر خاکەکەیان، چۆن لەڕێگەی ئەوانەوە خۆی بۆ گەل و نەتەوەکانی دیکە دەردەخات؟ (حز ٣٩: ٢٧)

....

لەبەرکردنی دەق: (ئیشایا ٤٣: ٢٥)

ئەم ئایەتە لەبەر بنووسەوە.

....

....

....

....

تکایە مەڕۆ لاپەڕەکەی دیکە تاکو وەڵامی هەموو پرسیارەکان دەدەیتەوە.

نمره و وەڵامی دروستی پرسیارەکانی وانەی سێزدەیەم

پرسیار	وەڵام	نمره
1	بەتەواوی گەندەڵدەبن و لەو ڕێگەیە لادەدەن کە موسا فەرمانی پێکردوون	2
2	چونکە لەبەرچاوی خودا کاری خراپیان کرد، بەکارەکانی دەسیان توڕەیی خودایان جوڵاند	2
3	بەپێچەوانەوە لەگەڵی نەجوڵێنەوە	1
4	1) (a) یەزدان شمشێرێکیان دەهێنێتە سەر	1
	(b) دەرد دەنێرێتە نێوانیان	1
	(c) دەدرێنە دەست دوژمن	1
	2) گۆشتی کوڕ و کچەکانیان دەخۆن	1
	3) (a) شارۆچکەکان وێران دەبن	1
	(b) شوێنە پیرۆزەکان دەبنە چۆڵەوانی	1
	(c) بۆنی قوربانییەکانیان چیدیکە خودا دڵخۆش ناکات	1
	4) (a) زەوییەکە دەبێتە چۆڵەوانی	1
	(b) دوژمنەکان کە تێیدا نیشتەجێ دەبن سەرسام دەبن	1
	5) (a) بەناو نەتەوەکاندا پەرشوبڵاودەبنەوە	1
	(b) بە شمشێر ڕاودەنرێن	1
5	هەموو کێشەکان	1
6	1) گوناهیان کردووە	1
	2) تاوانیان کرد	1
	3) خراپەیان کرد	1
	4) یاخی بوون	1
	5) لە فەرمان و یاساکان لایاندا	1
7	بە شەریعەت	2
8	هەموو گوناهەکان	1
9	1) بە تەواوی ڕەتیان ناکاتەوە	1

	2) قێزیان لێناکەمەوە تاکو بەتەواوی لەناویانببەم، پەیمانم لەگەڵیان ناشکێنم	2
10	پەیمانی باوباپیرانیان کە لە خاکی میسر ڕزگاریکردن	1
11	ڕزگاری ئیسراییل	1
12	یەزدان بووەتە ڕزگاری من	1
13	1) کەسە پیرۆزەکەیان 2) ڕزگارکارەکەیان	1 1
14	نەخێر	1
15	یاخیبوونەکانی دەسڕێتەوە	1
16	گوناهەکانی بەبیر خۆی ناهێنێتەوە	1
17	دێت بۆ لای ئەو نەوانەی یاقوب کە لە گوناهەکانیان تۆبەیان کرد	1
18	ڕزگاری	1
19	پاداشتەکەی	1
20	کارەکانی	1
21	1) پاکیان دەکاتەوە 2) دەیانبەخشێت	1 1
22	لەنێویاندا پیرۆز دەبێت	1

سەیری ئەو پارچە کاغەزە بکە کە ئایەتەکەت لەسەری نووسیوە. ئەگەر ئایەتەکەت بەباشی لەبەرنەکردووە ئەوا کتێبی پیرۆز بکەوە و ئەوەندە بیخوێنەوە هەتا بە جوانی لەبەریدەکەیت.

ئەگەر بەباشی لەبەرتکرد ئەوا چوار نمرە وەردەگریت. هەر وشەیەکیش بە هەڵە بنووسیت، نمرەیەکت لێ کەم دەبێتەوە. ئەگەر سێ هەڵەت کردبوو ئەوا هیچ نمرەیەک بەدەستناهێنیت.

پرسیارەکان یەک ئایەت	44 نمرە 4 نمرە
کۆی گشتی نمرەکان	48 نمرە

هەڵسەنگاندن: ٢٤ وەڵامی دروست= ٥٠٪. ٣٤ وەڵامی دروست= ٧٠٪. ٣٨ وەڵامی دروست= ٨٠٪

تێبینیی وەڵامە دروستەکانی وانەی سێزدەیەم

ئەم ژمارانەی خوارەوە پەیوەندی بە ژمارەی وەڵامە ڕاستەکانەوە هەیە.

1، 2. پێش ئەوەی یەزدان لەگەڵ گەلی ئیسراییل پەیمان ببەستێت، دەیزانی کە پەیمانەکە دەشکێنن؛ هەربۆیە ڕێگەیەکی ئامادەکردبوو کە لە ڕێگەیەوە بتوانن چاک ببنەوە و گوناهەکانیان ببەخشرێت.

3. ڕیشەی کاری خراپی ئیسراییل بریتی بوو لە جووڵانەوەیان بەپێچەوانەی ویستی و خواستی خودا.

4، 5. لە کتێبی پیرۆزدا شێوازی ورد و تەواوی ئەوەی کە چۆن ئەم دەرەنجامە خراپانە هاتنە سەر ئیسراییل تۆمارنەکراوە، واتە هەندێکی تۆمارکراوە و هەندێکی دیکەی لە نووسینەکانی زانا و مێژوونوس و لێکۆڵەر "یوسف بێن ماتیتیاهو" تۆمارکراوە.

6، 7، 8. ئەو گوناهەی کە دانیال دانی پێدانا، دەکرێت بۆ یەک وشەی کورتبکەینەوە: "یاخیبوون."

9. یەزدان ئیسراییلی ئاگادارکردەوە کە سزای کارە هەڵەکانیان دەدات، بەڵام بەڵێنیشی پێدان کە هەرگیز نکۆڵی لەوە ناکات کە گەلی ئەون (سەیری یەر **٣٣: ٢٣- ٢٦** بکە).

10. هەرچەندە گەلی خودا وەفادارنەبوون و پابەندی پەیمانەکەیان نەبوون، بەڵام یەزدان هەمیشە وەفادارە بەرانبەر پەیمانەکەی (سەیری زەبوور **٨٩: ٣٤** بکە).

11- 14. چارەسەری یەزدان بۆ کەوتنی ئیسراییل، دەکرێت لە یەک وشەدا کورتبکرێتەوە: "ڕزگاری." تەنیا یەزدان خۆی دەتوانێت ببێتە ڕزگارکار بەبێ ئەوەی کە پیرۆزبوونەکەی بخاتە مەترسییەوە.

15، 16. ڕزگاری یەزدان ئەوەندە تەواوە کە هەموو گوناهەکانمانی سڕییەوە تاکو چیدیکە گوناهەکانمان بەبیر خۆی نەهێنێتەوە.

17. خودا ئەوەندە بە بەزەییە کە ڕزگارکارێکی بۆ ئیسراییل دابینکرد، بەڵام ئیسراییلیەکانیش دەبێت واز لە خراپە و گوناهەکانیان بێنن.

18، 19، 20. ئەم ڕزگارکارە سێ شت لەگەڵ خۆی دێنێت: ڕزگاری و پاداشت و قەرەبوو.

21. ڕزگاری پاکبوونەوە و بەخشین دەگرێتەوە.

22. ویست و خواستی یەزدان هەر لە سەرەتاوە ئەوە بووە کە ئیسراییل بکاتە بەرەکەت بۆ نەتەوە و گەلانی دیکە و پیرۆزییەکەی لەڕێگەی ئیسراییلەوە دەربخات.

وانەی چواردەیەم

وێنەی عیسای مەسیح (بەشی یەکەم)

ناساندن

یەزدان پێشوەخت دەیزانی کە گەلی ئیسراییل گوناه دەکەن و ناتوانن مەبەست و خواستی یەزدان بەدیبێنن. بەڵام لەگەڵ ئەمەشدا یەزدانی بەبەزەیی بەڵێنی دا کە ڕزگارکارێکیان لە نەوەی داود بۆ بنێرێت. ئەم ڕزگاکارەش وەکو داود بە ڕۆحی پیرۆزی یەزدان دەستنیشاندەکرێت و لەبەرئەمەش بە "مەسیح" ناودەبردرێت کە بە واتای دەستنیشانکراو دێت. لە پەیمانی نوێدا، مەسیح ڕێک بە واتای دەستنیشانکراو دێت. هاتنی مەسیح، بابەتی بنەڕەتی پەیمانی کۆنە. پێغەمبەرانی پەیمانی کۆن زۆر بەڕوونی باسی ئەوەیان کردووە کە ڕزگارکار چۆن دێت و چی دەکات.

لە سەدەی یەکەمدا، ئەو نووسەرە جولەکانەی کە باوەڕیان بەم بەڵێنانە هەبوو، باسی ئەو پیاوە دەکەن کە ئەم بەڵێنانە دێنێتە دی، بەو کەسەشیان دەگوت مەسیح. نووسینەکانیان لە پەیمانی نوێدا کۆکراوەتەوە.
پرسیارەکانی ئەم وانەیەمان نیوەی لەسەر پەیمانی کۆنە، نیوەشی پەیمانی نوێ.

لەبەرکردنی دەق: (مەلاخی ٣: ١)

تکایە هێمای ڕاست لەنێو ئەو چوارگەشەیەدا دابنێ ئەگەر هاتوو ئایەتەکەت لەبەرکرد. ☐

ڕۆژانە بەسەر بەسەر ئایەتی وانەکانی پێشوودا بچۆوە.

پرسیارەکانی وانەی چواردەیەم

A. ڕەچەڵەکی مەسیح

1. یەزدان بەڵێنی نەوەیەکی تایبەتی بە کێ دا؟ (پەی ٢٢: ١٥- ١٨)

....

2. یەزدان لەڕێگەی ئەم نەوەیەوە چ بەڵێنێکی بە هەموو گەل و نەتەوەکان دا؟ (پەی ٢٢: ١٨)

....

3. ئایا عیسا نەوەی ئەم باوباپیرانەیە؟ (مت ١: ١)

....

4. ئێستا لەڕێگەی مەسیحەوە چی پێشکەشی نەتەوە و گەلان کراوە؟ (گل ٣: ١٣- ١٤)

....

5. لەڕێگەی کام لە دوو کوڕەکەی ئیبراهیمەوە، نەوەی بەڵێنپێدراو دێت؟ (پەی ١٧: ١٩، ٢١)

....

6. ئایا عیسا نەوەی ئیسحاقە؟ (مت ١: ٢)

....

7. ئیسحاق بەرەکەتی ئیبراهیمی بە کام لە کوڕەکانی بەخشی؟ (پەی ٢٨: ١- ٤)

....

8. ئایا ئەم بەرەکەتە بۆ نەوەکانی دواتر گوازرایەوە؟ (پەی ٢٨: ٤)

....

9. ئایا مەسیح نەوەی یاقوب بوو؟ (لۆ ٣: ٣٤)

....

10. مەسیحی پاشا لەڕێگەی کام هۆزی ئیسراییلەوە دێت؟ (پەی ٤٩: ١٠)

....

11. مەسیح لەڕێگەی کام هۆزەوە دێت؟ (لۆ ٣: ٣٣)

....

12. مەسیح نەوەی کام پاشای ئیسراییلە؟ (زەبوور ٨٩: ٣٥- ٣٦، ئی ٩: ٦- ٧)

....

13. ئایا مەسیح بەڕاستی نەوەی ئەم پاشایەیە؟ (مت ١: ٦- ١٦)

....

B. لەدایکبوونی مەسیح

14. مەسیح لەکوێ لەدایک دەبێت؟ (می ٥: ٢)

....

15. عیسا لەکوێ لەدایک دەبێت؟ (مت ٢: ١، لۆ ٢: ٤- ٧)

....

16. چ شتێک لەبارەی لەدایکبوونی مەسیحەوە تایبەت بوو؟ (ئی ٧: ١٤)

....

17. چ شتێک لەبارەی لەدایکبوونی عیساوە تایبەت بوو؟ (مت ١: ١٨، ٢٢- ٢٣، لۆ ١: ٢٦- ٣٥)

....

18. ئایا دانیال باسی کاتی هاتنی مەسیحی کردبوو؟ (دان **٩: ٢٥- ٢٦**)

....

19. مەسیح چەند ساڵ لەدوای بڕیاری بنیاتنانەوەی ئیسراییل دێت؟ (دان **٩: ٢٥**)

....

20. ئایا دانیال لەو کاتەدا هات کە دانیال پێشبینی کردبوو؟

....

C. خزمەتەکەی مەسیح

21. ئایا هیچ پەیامبەرێک پێش مەسیح دێت؟ (مە **٣: ١**)

....

22. ئەرکی ئەم پەیامبەرە چی دەبێت؟ (مە **٣: ١**)

....

23. چ پەیامبەرێک پێش عیسا دێت؟ (مت **٣: ١- ٣، ١١: ٧- ١٠**)

....

24. ئەرکی ئەم پەیامبەرە چی دەبێت؟ (مت **٣: ١- ٣، ١١: ٧- ١٠، لۆ ١: ٧٦**)

....

25. پەروەردگار وەکو نێردراوی چی دێت؟

....

26. ئایا یەزدان بەڵێنی بەستنی پەیمانێکی نوێی بە ئیسراییل دا؟ (یەر ٣١: ٣١- ٣٤)

....

27. ئایا ئەو پەیمانە لێخۆشبوونی تەواوی گوناە دەستەبەردەکات؟ (یەر ٣١: ٣٤)

....

28. ئایا عیسا هات تاکو نێوانگری بۆ ئەم پەیمانە بکات؟ (عب ٩: ١٣- ١٥)

....

29. یەحیای تەعمیدکار بینی چی لە شێوەی کۆترێک لەسەر مەسیح نیشتەوە؟ (یۆ ١: ٢٩- ٣٣)

....

30. ئیشایا وەسفی کەسێک دەکات کە ڕۆحی پیرۆز دەستنیشانی دەکات، باسی چوار شت بکە کە ئەم دەستنیشانکردنەکە دەبێتە هۆی ئەوەی بتوانێت ئەنجامی بدات. (ئی ٦١: ١)

1) ....
2) ....
3) ....
4) ....

31. عیسا لەدوای خوێندنەوەی ئەم وشانە لە کەنیشتەکەدا، لەبارەی خۆیەوە چی گوت؟ (لۆ ٤: ١٦- ٢١)

....

32. خودا بە چی عیسای ناسیرەیی دەستنیشان کرد؟ (کردار ١٠: ٣٨)

....

33. باسی دوو شت بکە کە بە هۆی ئەم دەسنیشانکردنەوە دەتوانێت ئەنجامی بدات؟ (کردار ١٠: ٣٨)

1) ....

2) ....

34. ئیشایا پێشبینی کرد کە خودا دێت بۆ ڕزگارکردنی ئیسراییل، هەروەها چوار جۆر نەخۆشیش چاک دەکاتەوە. ئەو چوار نەخۆشییە کامە بوو؟ (ئی ٣٥: ٤- ٦)

1) .... 2) ....

3) .... 4) ....

35. باسی چوار جۆر نەخۆشی بکە کە عیسا چارەسەری کرد. (مر ٨: ٢٢- ٢٥، ٧: ٣٢- ٣٧، یۆ ٥: ٥- ٩، مت ٥: ٣٢- ٣٣)

1) .... 2) ....

3) .... 4) ....

36. مەسیح لەسەر چ ئاژەڵێک دەڕوات بۆ ئۆرشەلیم؟ (زە ٩: ٩)

....

37. قوتابییەکان، عیسایان لەسەر چ ئاژەڵێک دانا کاتێک سەرکەوتووانە چووە ناو ئۆرشەلیمەوە؟ (مت ٢١: ٦- ١١، مر ١١: ١- ١١)

....

لەبەرکردنی دەق: (مەلاخی ٣: ١)

ئەم ئایەتە لەبەر بنووسەوە.

....

....

....

....

تکایە مەڕۆ لاپەڕەکەی دیکە تاکو وەڵامی هەموو پرسیارەکان دەدەیتەوە.

نمره و وەڵامی دروستی پرسیارەکانی وانەی چواردەیەم

نمره	وەڵام	پرسیار
1	ئیبراهیم	1
1	بەرەکەت	2
1	بەڵێ	3
1	بەرەکەتی ئیبراهیم	4
1	ئیسحاق	5
1	بەڵێ	6
1	یاقوب	7
1	بەڵێ	8
1	بەڵێ	9
1	یەهودا	10
1	یەهودا	11
1	داود	12
1	بەڵێ	13
1	بێت لەحمی یەهودا	14
1	بێت لەحمی یەهودا	15
1	له پاکیزەیەک لەدایکبوو	16
1	له پاکیزەیەک لەدایکبوو	17
1	بەڵێ	18
1	٦٩ هەفتە (٤٨٣ ڕۆژی ساڵی جوولەکە)	19
1	بەڵێ	20
1	بەڵێ	21
1	بۆ ئامادەکردنی ڕێگەی پێش مەسیح	22
1	یەحیای تەعمیدکار	23

1	بۆ ئامادەکردنی ڕێگای پێش عیسا	24
1	نێردراوی پەیمان	25
1	بەڵێ	26
1	بەڵێ	27
1	بەڵێ	28
1	ڕۆحی پیرۆز	29
1 1 1 1	1) مژدەدان بە هەژاران 2) تیمارکردنی دڵشکاوەکان 3) جاڕدانی ئازادی بۆ ڕاپێچکراوەکان 4) ئازادکردنی دیلەکان	30
1	ئەمڕۆ ئەم نووسراوە پیرۆزەی گوێتان لێبوو، هاتەدی	31
1	بە ڕۆحی پیرۆز و بە هێز	32
1 1	1) دەگەڕا و چاکەی دەکرد 2) ئەوانەی چاکدەکردەوە کە ئیبلیس دەستی بەسەریاندا گرتبوو	33
1 1 1 1	1) کوێربوون 2) کەڕبوون 3) ئیفلیجبوون 4) لاڵبوون	34
1 1 1 1	1) کوێربوون 2) کەڕبوون 3) ئیفلیجبوون 4) لاڵبوون	35
1	لەسەر گوێدرێژ و جاشک	36
1	لەسەر گوێدرێژ و جاشک	37

سەیری ئەو پارچە کاغەزە بکە کە ئایەتەکەت لەسەری نووسیوە. ئەگەر ئایەتەکەت بەباشی لەبەرنەکردووە ئەوا کتێبی پیرۆز بکەوە و ئەوەندە بیخوێنەوە هەتا بە جوانی لەبەریدەکەیت.

ئەگەر بەباشی لەبەرتکرد ئەوا چوار نمرە وەردەگریت. هەر وشەیەکیش بە هەڵە بنووسیت، نمرەیەکت لێ کەم دەبێتەوە. ئەگەر سێ هەڵەت کردبوو ئەوا هیچ نمرەیەک بەدەستناهێنیت.

پرسیارەکان یەک ئایەت	47 نمرە 4 نمرە
کۆی گشتی نمرەکان	51 نمرە

هەڵسەنگاندن: ٢٦ وەڵامی دروست= ٥٠٪. ٣٦ وەڵامی دروست= ٧٠٪. ٤١ وەڵامی دروست= ٨٠٪

تێبینیی وەڵامە دروستەکانی وانەی چواردەیەم

ئەم ژمارانەی خوارەوە پەیوەندی بە ژمارەی وەڵامە ڕاستەکانەوە هەیە.

1- 6. یەزدان بەڵێنی بە ئیبراهیم دا کە لە ڕێگەی ئیسحاقەوە نەوەی پێدەبەخشێت و لەو ڕێگەیەوە هەموو نەتەوەکان بەرەکەتداردەبن. عیسای مەسیح، نەوەی ئیبراهیمە بەهۆی ئیسحاقەوە، بەڵێنی یەزدان بۆ بەرەکەتدارکردنی نەتەوەکان لەڕێگەی مەسیحەوە هاتەدی.

7- 9. بەڵێنی ئەو نەوەیەی کە دەبێتە هۆی بەرەکەتدارکردنی نەتەوەکان لە یاقوبەوە پەیدابوو. هەربۆیە، مەسیح دەبوا لە ڕەچەڵەکی جوولەکەکانەوە بهاتبا.

10- 13. یەزدان بڕیاریدا کە فەرمانڕەوای ئیسراییل دەبێت لە هۆزی یەهوداوە بێت. ئەمە یەکەم جار لە داودا بەدیهات و پاشان لە مەسیحدا، کە نەوەی داود بوو.

1- 13. کاتێک عیسای مەسیح لەسەر زەوی بوو، کەس نەیتوانی ڕەچەڵەکی بخاتە ژێر پرسیارەوە. هەموو ڕەچەڵەکنامەی ئیسراییلەکان لەکاتی لەناوچوونی پەرستگای دووەمدا لە ساڵی ٧٠ی زایینی لەناوبردرا. هەربۆیە مەحاڵە بۆ ئەو کەسەی کە لە دوای ئەو ساڵەوە لەدایکبووە بانگەشەی مەسیح بوون بکات. لە ڕەچەڵەکنامەی عیسا لە لۆقا، باس لەوە کراوە کە دەبێت تەنیا مەسیح کوڕی یوسف بێت (واتە یوسف منداڵی دیکەی نەبووە). (سەیری لۆ ٣: ٢٣ بکە)

14، 15. لەکاتی لەدایکبوونی عیسای مەسیحدا، پیاوە ئاینییەکانی جولەکە چاوەڕێی ئەوەیان دەکرد کە مەسیح لە بێت لەحمی یەهودا لەدایکبێت. (سەیری مت ٢: ١- ٦ بکە)

16، 17. لەبەرئەم هۆکارانەی خوارەوە لە (ئی ٧: ١٤)، وشەی عیبری "ئەلما" بە پاکیزە وەرگێڕدراوە:

(١) چونکە نووسەرە جولەکەکانی وەرگێڕانی حەفتایی (سبعینی) هەمان وشەیان بەکارهێناوە. (٢) چونکە لە پەیمانی کۆن هەرگیز ئاماژە بە باوکی عیسا نەکراوە بەڵکو تەنیا باسی دایکیان کردووە (ئی ٤٩: ١، ٥، زەبوور ٢٢: ٩). (٣) "ئەلما"ی عیبری بە واتای کچێکی گەنج دێت کە هێشتا مێردی نەکردووە، ئەمەش ڕێک بەسەر مریەمدا جێبەجێدەکرێت. (٤) لە پەیمانی کۆندا وشەی "ئەلما" تەنیا بۆ پاکیزە بەکاردێت (پەی

٢٤: ٤٣، دەر ٢: ٨). لە (یۆل ١: ٨)دا وشەی عیبری "بەتولا" بە واتای کچێکی دێت کە هاوسەری هەبووە. هەروەها ئەم وشەیە هەندێک کات بۆ دانەپاڵی سیفەتی مرۆڤ بە نەتەوەکان بەکارهاتووە (ئی ٢٣: ١٢، ٤٧: ١، یەر ١٨: ١٣، ٣١: ٤، ٢١).

18، 19، 20. بەپێی (دان ٩: ٢٥- ٢٦) مەسیح دێت و پاش ٦٩ هەفتەی ساڵ دەکوژرێت. لەبەرئەوەی ساڵی جولەکە ٣٦٠ ڕۆژە، ئەوا بەپێی ڕۆژ ژمێر (تەقویم)ی ڕۆژاوایی دەکاتە نزیکە ٤٧٧ ساڵ. ئەردەشیر، پاشای فارس، لە ساڵی ٤٤٥ی پێش زایین بڕیاری بنیاتنانەوە و نوێکردنەوەی ئۆرشەلیمی دەکرد. لەمەوە بۆمان دەردەکەوێت کە ٣٢ ساڵ دوای زایین مەسیحی پاشا دێت. مەسیح لەو ساڵەدابوو کە هەنگاوی سەرکەوتووانەی نایە ناو ئۆرشەلیمەوە و پاش ماوەیەکی کەم "کوژرا." "سوپای پاشایەکی دیکە دێت" لە (دان ٩: ٢٨) بریتیین سەربازانی ڕۆمانین کە بە دەسەڵاتی تیتۆسی پاشا لە ساڵی ٧٠ی زایینی ئۆرشەلیمیان وێرانکرد.

25- 28. ئەو پەیمانە نوێیەی کە لە (یەر ٣١: ٣١- ٣٤)دا هاتووە، سێ سیفەت و تایبەتمەندی هەیە: (١) سروشتی نوێی ناخ، "فێرکردنەکەم دەخەمە نێو بیرکردنەوەیان و لەسەر دڵیان دەینووسم."(٢) پەیوەندییەکی تاکەکەسی و تایبەت لەگەڵ یەزدان، "هەموویان دەمناسن." (٣) بەخشینی گوناهەکان، "لە تاوانیان خۆشدەبن، گوناهەکانیان بەبیر خۆم ناهێنمەوە." هەموو ئەم تایبەتمەندییانە لەو پەیمانەدا هەیە کە مەسیح پێکیهێنا. هەروەها لە (حز ١٦: ٥٩- ٦٠) ئیسرایێل بە شکاندنی یەکەم پەیمان تاوانبار دەکات، بەڵام پەیمانیان دەداتێ کە پەیمانێکی ئەزەلی و جاویدانی جێگەی پەیمانی یەکەم دەگرێتەوە.

29- 35. ئەو ڕۆحە پیرۆزەی کە هاتەسەر عیسای مەسیح، وەکو مەسیحی بەڵێنپێدراو دەستنیشانی کرد. ئەمە وای کرد کە بتوانێت ببێتە ڕزگارکاری گەلی خودا لەدەست گوناە و نەخۆشی.

34، 35. شیفادانە پەرجووئاساکانی عیسا، ئەو ڕاستییەیان دوپاتکردەوە کە عیسا مەسیحە.

36. 37. لە سەردەمی مەسیحدا، عادەت و باو وابوو کە پاشا سواری گوێدرێژ بێت. (یە پا ١: ٣٣- ٣٤)

وانەی پازدەیەم

وێنەی عیسای مەسیح (بەشی دووەم)

ناساندن

پەترۆسی قوتابی مەسیح، باسی پێغەمبەرەکانی پەیمانی کۆنی کردووە کە ڕۆحی مەسیح لە دەروونیاندا پێشبینی ئازارەکانی مەسیح و ئەو شکۆیەی کە لەدوای دێت کردووە (یە. پت ١: ١٠- ١١). ئەم پێغەمبەرانە بە کەسی یەکەمی تاک باسی ئەو ئەزموونانە دەکەن کە لەڕاستیدا هەرگیز بەسەر ئەماندا نەهاتووە، بەڵکو دواتر لە ژیانی عیسای مەسیحدا ڕوویاندا. یەکەم جار باسی ئازارچەشتنی مەسیحیان کردووە پاشان باسی ئەو شکۆ جاویدانی و هەتاهەتاییان کردووە کە مەسیح دەڕواتە ناوی. ئەم جۆرە پێشبینییانە زۆتر لە پەرتوکی زەبووری داود و ئیشایادا هاتووە. ئەم وانەیە چەندین نموونەی لەو بابەتەی لەخۆگرتووە.

لەبەرکردنی دەق: (ئیشایا ٥٣: ٤- ٥)

تکایە هێمای ڕاست لەنێو ئەو چوارگەشەیەدا دابنێ ئەگەر هاتوو ئایەتەکەت لەبەرکرد. ☐

ڕۆژانە بەسەر بەسەر ئایەتی وانەکانی پێشوودا بچۆوە.

پرسیارەکانی وانەی پازدەیەم

D.ئازارچەشتنی مەسیح

38. ئایا مەسیح لەلایەن گەلەکەیەوە دەبوا پێشوازی لێبکرێت یان ڕەتبکرێتەوە؟ (ئی ٥٣: ١- ٣)

....

39. ئایا نەتەوەی ئیسراییل عیسایان قبوڵکرد یان ڕەتیانکردەوە؟ (یۆ ١: ١١، ١٢: ٣٧- ٣٨)

....

40. ئایا چ جۆرە کەسێک خیانەت لە مەسیح دەکات؟ (زەبوور ٤١: ٩)

....

41. کێ خیانەتی لە عیسا کرد؟ (مر ١٤: ١٠)

....

42. ئایا خیانەتکارەکە هاوڕێی عیسا بوو؟ (مت ٢٦: ٤٧، ٥٠)

....

43. بە چ نرخێک مەسیح خیانەتی لێکرا؟ (زە ١١: ١٢)

....

44. خیانەتکارەکەی عیسا، چەند پارەی دەستکەوت؟ (مت ٢٦: ١٥)

....

45. دەبوا بە پارەی خیانەتکارەکەی مەسیح چی بکرابا؟ (زە ١١: ١٣)

....

46. به پارەی خیانەتکارەکەی عیسا چی کرا؟ (مت ٢٧: ١٠)

....

47. ئایا مەسیح دەبوا لەبەردەم شکایەتکارەکان بەرگری لە خۆی کردبا؟ (ئی ٥٣: ٧)

....

48. عیسا لەبەرانبەر شکایەتکارەکانی چۆن جولایەوە؟ (مت ٢٦: ٦٢- ٦٣، ٢٧: ١٢- ١٤)

....

49. ئایا مەسیح دەبوا لێیبدرابا و تفی لێبکرابا؟ (ئی ٥٠: ٦)

....

50. باسی دوو ڕێگە بکە کە مەسیح ئازاری چەشت لەژێر دەستی چەوسێنەرەکانی. (مر ١٤: ٦٥، یۆ ١٩: ١)

....

51. چ جۆرە کەسێک دەبوا لەگەڵ مەسیح لە خاچ بدرابان؟ (ئی ٥٣: ١٢)

....

52. ئەو دوو کەسە کێ بوون کە لەگەڵ عیسا لە خاچدران؟ (مت ٢٧: ٣٨)

....

53. باسی دوو ئەندامی جەستەی مەسیح بکە کە دەبوا کون بکرابا. (زەبوور ٢٢: ١٦)

....

54. ئایا مەسیح دەست و پێی کونکرا؟ (لۆ ٢٤: ٣٩- ٤٠، یۆ ٢٠: ٢٥- ٢٧)

....

55. دەبوا چی بەسەر جل و بەرگەکانی مەسیحدا بێت؟ (زە ٢٢: ١٨)

....

56. سەربازە ڕۆمانییەکان چییان بە جلوبەرگ و عاباکەی عیسا کرد؟ (یۆ ١٩: ٢٣- ٢٤)

....

57. دەبوا چییان بە مەسیح بدابا تاکو بیخواتەوە؟ (زەبوور ٦٩: ٢١)

....

58. چییان بە عیسا دا تاکو بیخواتەوە؟ (یۆ ١٩: ٢٩)

....

59. ئێسقانەکانی مەسیح نەدەبوا چییان بەسەر بێت؟ (زەبوور ٣٤: ١٩- ٢٠)

....

60. ئایا ئێسقانەکانی عیسا شکێنران؟ (یۆ ١٩: ٣٣، ٣٦)

....

61. یەزدان چی خستە سەر مەسیح؟ (ئی ٥٣: ٦)

....

62. لە ئەنجامدا چی بەسەر مەسیحدا دێت؟ (ئی ٥٣: ٨)

....

63. عیسا لەسەر خاچ چی هەڵگرت؟ (یە. پت ٢: ٢٤)

....

64. لە ئەنجامدا چی بەسەر عیسادا هات؟ (یە. پت ٣: ١٨)

....

65. لە گۆڕی چ جۆرە کەسێکدا مەسیح دەبێت بنێژرێت؟ (ئی ٥٣: ٩)

....

66. عیسا لە گۆڕی کێدا نێژرا؟ (مت ٢٧: ٥٧- ٦٠)

....

67. چ جۆرە کەسێک بوو ئەوەی کە عیسای لە گۆڕەکە خۆیدا ناشت؟ (مت ٢٧: ٥٧)

....

E. سەرکەوتنی مەسیح بەسەر مەرگدا

68. دوای ئەوەی کە گیانی مەسیح بوو بە قوربانی گوناه، لەبارەی ئەوەوە بەڵێنی کام سێ شتە درا؟ (ئی ٥٣: ١٠)

1) ....

2) ....

3) ....

69. ئەگەر مەسیح زیندوونەبوایەتەوە، ئەو سێ بەڵێنە بەدیدەهاتن؟

....

70. یەزدان بەڵێنی کام دوو شتەی بە پیرۆزکراوەکەی دا؟ (زەبوور ١٦: ١٠)

1) ....

2) ....

71. ئەو دوو شتە لە ئەزمونی پاشا داودا بەدیهاتن؟ (یە پا ۲: ۱۰، کردار ۲: ۲۹)

....

72. ئەی لە ئەزموونی کێدا بەدیهاتن؟ (کردار ۲: ۳۰- ۳۲)

....

73. یەزدان بەڵێنی بەخشینی چ پلەیەکی دەسەڵاتی بە مەسیح دا؟ (زەبوور ۱۱۰: ۱)

....

74. ئایا دەکرا ئەم بەڵێنە بێتەدی ئەگەر مەسیح هەر لەسەر زەوی بوایە و نەڕۆیشتبایە ئاسمان؟

....

75. یەزدان عیسای بۆ چ ئاستێکی دەسەڵات بڵندکرد؟ (کردار ۲: ۳۳- ۳۶)

....

76. هەتا کەی عیسا دەبێت لە ئاسمان بمێنێتەوە؟ (کردار ۳: ۱۹- ۲۱)

....

77. مەسیح چۆن دێتەوە بۆ بنیاتنانی شانشینەکەی؟ (دان ۷: ۱۳)

....

78. عیسا چۆن لە ئاسمانەوە دەگەڕێتەوە؟ (مت ۲۶: ٦۳- ٦٤)

....

79. مەسیح پێی لەسەر کام کێو دادەنێت؟ (زە ١٤: ٤)

....

80. عیسا دەگەڕێتەوە سەر کام کێو؟ (کردار ١: ١٩- ١٢)

....

لەبەرکردنی دەق: (ئیشایا ٥٣: ٤- ٥)

ئەم ئایەتانە لەبەر بنووسەوە.

....

....

....

....

....

....

....

....

تکایە مەڕۆ لاپەڕەکەی دیکە تاکو وەڵامی هەموو پرسیارەکان دەدەیتەوە.

نمره و وەڵامی دروستی پرسیارەکانی وانەی پازدەیەم

پرسیار	وەڵام	نمره
38	دەبێت ڕەتبکرێتەوە	1
39	ڕەتیانکردەوە	1
40	هاوڕێیەکی نزیکی خۆی	1
41	یەهودای ئەسخەریوتی	1
42	بەڵێ	1
43	سی پارچە زیو	1
44	سی پارچە زیو	1
45	دەبوا فڕێدرابا بۆ گۆزەکەرەکەی ناو ماڵی یەزدان	2
46	خستیانە ناو پەرستگاکە و بەکاریانهێنا بۆ کڕینی کێڵگەی گۆزەکەرەکە	2
47	نەخێر	1
48	بێدەنگ مایەوە	1
49	بەڵێ	1
50	لێیدرا و تفی لێکرا	2
51	یاخیبووان	1
52	دوو دز	1
53	دەست و پێیەکانی	1
54	بەڵێ	1
55	دەبێت جلەکانی دابەشبکرێت و تیروپشکی لەسەر بکرێت	2
56	جلەکانیان دابەشکرد و تیروپشکیان لەسەر کرد	2
57	سرکە	1
58	سرکە	1
59	نابێت بشکێنرێن	1
60	نەخێر	1

61	هەموو تاوانەکانی ئێمە	1
62	دەبێت لە جیهانی زیندووان هەڵبگیردرێت	2
63	گوناهەکانمان	1
64	مرد	1
65	پیاوێکی دەوڵەمەند	1
66	یوسفی ئاریماتیا	1
67	پیاوێکی دەوڵەمەند	1
68	1) نەوەکەی دەبینێت 2) ڕۆژگاری درێژ دەبینێت 3) خواستی یەزدان بەدەستی ئەو سەردەکەوێت	1 1 1
69	نەخێر	1
70	1) گیانی لە جیهانی مردووان بەجێناهێڵێت 2) ڕێگەنادات لەناو گۆڕ بۆگەن بێت	1 1
71	نەخێر	1
72	ئەزموونی عیسا	1
73	بەڵێنی پێدا کە لەدەستە ڕاستی خودا دابنیشێت	1
74	نەخێر	1
75	دەستە ڕاستی یەزدان	1
76	هەتا کاتی چاکبوونەوەی هەموو شتێک	1
77	بەسەر هەورەکانی ئاسمانەوە دێتەوە	1
78	بەسەر هەورەکانی ئاسمانەوە دێتەوە	1
79	کێوی زەیتوون	1
80	کێوی زەیتوون	1

سەیری ئەو پارچە کاغەزە بکە کە ئایەتەکانت لەسەری نووسیوە. ئەگەر ئایەتەکانت بەباشی لەبەرنەکردووە ئەوا کتێبی پیرۆز بکەوە و ئەوەندە بیانخوێنەوە هەتا بە جوانی لەبەریاندەکەیت.

ئەگەر بەباشی لەبەرتکردن ئەوا چوار نمرە وەردەگریت. هەر وشەیەکیش بە هەڵە بنووسیت، نمرەیەکت لێ کەم دەبێتەوە. ئەگەر سێ هەڵەت کردبوو ئەوا هیچ نمرەیەک بەدەستناهێنیت.

پرسیارەکان دوو ئایەت	53 نمرە 8 نمرە
کۆی گشتی نمرەکان	61 نمرە

هەڵسەنگاندن: ٣١ وەڵامی دروست= ٥٠٪. ٤٣ وەڵامی دروست= ٧٠٪. ٤٩ وەڵامی دروست= ٨٠٪

تێبینیی وەڵامە دروستەکانی وانەی پازدەیەم

ئەم ژمارانەی خوارەوە پەیوەندی بە ژمارەی وەڵامە ڕاستەکانەوە هەیە.

38، 47، 51، 61، 62، 65، 68. (ئیشایا **٥٢: ١٣**) و (ئیشایا **٥٣: ١٢**) دوو ئایەتی پەیمانی کۆنن کە پێشبینی هاتنی مەسیح دەکەن. باسی خزمەتکارێکی یەزدان دەکەن کە لەلایەن گەلەکەی خۆیەوە ڕەتکرایەوە. لەگەڵ ئەوەی کە بێگوناه بوو بەڵام سزای مردنی لەبەر گوناهەکانیان چەشت. لێکۆڵەر و ڕاڤەکارە جولەکەکان هەوڵیان دا وشەی "خزمەتکار" کە لە (ئیشایا **٥٢: ١٣**)دا هاتووە، وەکو گەلی جولەکەی دابنێن کە لە دەست نەتەوەکانی دیکە ئازاری چەشتووە و چەوساوەتەوە. بەڵام بەپێی ئەم سێ خاڵەی خوارەوە، بۆچوونی لێکۆڵەرەکان لەم بارەوە ڕاست نییە:

1) ئەو "خزمەتکار"ەی لێرەدا باسی لێوەکراوە، نە ستەمکار بووە و نە فێڵباز بووە (ئی **٥٣: ٩**). ئەمە بەسەر گەلی جولەکەدا جێبەجێ نابێت.
2) "خزمەتکار"ەکە لەبەر یاخیبوونەکانی خەڵکی بریندارکرا (ئی **٥٣: ٤- ٦**). ئازار و چەوسانەوەی ئیسراییل بەهۆی گوناهەکانیانەوە بوو، وەک چۆن موسا پێشوەخت ئاگاداری کردبوونەوە (لێ **٢٦: ١٤- ٤٣**).
3) بەو زانیارییە تایبەتی و شەخسییەی کە من لەسەر ئەم "خزمەتکار"ە هەمە (گوناهەکانی خەڵکی بە ئەستۆ گرت)، زۆر کەس بەهۆیەوە لەبەردەم خودا ڕاستودروست دەبن. ئەمەش تەنیا لەڕێگەی باوەڕی تاکەکەسییەوە دەبێت بە عیسای مەسیح.

39. گەلی ئیسراییل عیسایان ڕەتکردەوە. بەڵام لەگەڵ ئەوەشدا کۆمەڵێک لە جوولەکەکان باوەڕیان بە عیسای مەسیح هێنا. کۆمەڵەی باوەڕدارە سەرەتاییەکان زۆر جوولەکەی مەسیحی لەخۆدەگرت.

59، 60. بەرخی تێپەڕبوون کە بە هۆی خوێنەکەیەوە گەلی ئیسراییل لە دەستی فریشتەی تاریکییەوە ڕزگاریان بوو، نەدەبوا هیچ کام لە ئێسقانەکانی شکابن (دەر **١٢: ٤٦**). عیسای مەسیحیش وەکو بەرخی قوربانی خودا، نەدەبوا هیچ کام لە ئێسقانەکانی بشکێنرێت (یۆ **١: ٢٩**، یە. کۆ **٥: ٧**).

61- 64. قوربانی بوونی عیسا له هەموو ڕۆژێکی قوربانی کەفارەتدا پێشبنی کرابوو کاتێک سەرۆک کاهین گوناهی ئیسرائیلی دەدا بەسەر گیسکێکدا (لێ ١٦: ٢١- ٢٢). تەنیا خوێنی قوربانییەکە دەیتوانی ببێتە کەفارەتی گوناه (لێ ١٧: ١١). هەربۆیە، عیسا نەک تەنیا گوناهی خەڵکی بە ئەستۆ گرت بەڵکو خوێنی خۆی ڕشت تاکو ببێتە کۆتا کەفارەتی تەواو و بێگەرد (عب ١٩: ١٣- ٢٢).

68- 72. هەستانەوەی عیسا لەنێو مردووان بەڵگەی ئەوە بوو کە یەزدان عیسای بە مەسیح و پەروەردگار دەستنیشان کرد (ڕۆ ١: ٣- ٤)

73- 75. عیسای مەسیح نەک تەنیا لە مردن هەستایەوە، بەڵکو بەرزکرایەوە بۆ لای خودای باوک لە ئاسمان. دەستە ڕاستی خودا واتە تەختی هەموو دەسەڵات و هێزێک لەناو جیهاندا. مەسیح شوێنەکەی خۆ لەوێ گرتووە، لە ناوەڕاستی دوژمنەکانیدا حوکمڕانی دەکات تا ئەو کاتەی هەموو شتێک ملکەچی دەسەڵاتەکەی دەبێت (زەبوور ١١٠: ٢)

76. یەزدان لە کۆتایی ئەم ڕۆژگارەدا بەڵێنی ماوەیەکی نوێبوونەوە و بنیاتنانەوەی داوە. ئەمە نوێبوونەوە و دووبارە بنیاتنانەوەی ئۆرشەلیم لەخۆ دەگرێت و هەر لەو ماوەیەشدا دەبێت کە مەسیح بەوپەڕی شکۆوە دەگەڕێتەوە (زەبوور ١٠٢: ١٦)

77- 80. پێشبینییەکانی گەڕانەوەی مەسیح بە شکۆوە زیاترە لەو پێشبینییانەی کە باسی یەکەم هاتنی مەسیح دەکەن بە بێفیزییەوە.

وانەی شازدەیەم

پێغەمبەرێک وەک موسا

ناساندن

موسا لە (دواواتار ١٨: ١٨- ١٩)دا ئەم بەڵێنانەی خودا دەداتە ئیسراییل:

"لەنێو براکانیان پێغەمبەرێکی وەک تۆیان بۆ دادەنێم و وتەکانم دەخەمە دەمی و ئەوەی فەرمانی پێ دەدەم ئەو بۆیان پێی دەدوێت. جا وا دەبێت ئەو کەسەی گوێ لە وشەکانم نەگرێت کە ئەو بە ناوی منەوە پێی دەدوێت، من لێپرسینەوەی لەگەڵ دەکەم."

ئەم دەقەی موسا، بەڕوونی سێ ڕاستیمان بۆ دەردەخات:

1) موسا لێرەدا وەسفی پێغەمبەرێکی تایبەت دەکات کە خودا بەڵێنی داوە بۆ ئیسراییلی بنێرێت. موسا بە تاک قسە دەکات، "پێغەمبەرێک، دەمی، پێی دەدوێت." کەواتە ئەم کەسە بەگشتی ئەو پێغەمبەرانەی ئیسراییل ناگرێتەوە کە دواتر دەرکەوتن. باسی پێغەمبەرێکی تایبەت دەکات.
2) ئەم پێغەمبەرە تایبەتە، دەبێت دەسەڵاتی هەبێت بەسەر هەموو پێغەمبەرەکانی پێش خۆی. ئەگەر هەر کەسێک گوێ لەم پێغەمبەرە نەگرێت ئەوا خودا لێپرسینەوەی لەگەڵ دەکات.
3) ئەم پێغەمبەرە لە موسا دەچێت لەو ڕوانگەیەوە کە ئەمیش لە هەموو پێغەمبەرەکانی پێش خۆی جیاواز دەبێت کە لە ئیسراییل دەرکەوتوون.

لە (کرداری نێردراوان ٣: ٢٣- ٢٦)، پەترۆس ئەم دەقەی موسا ڕاستەوخۆ بەکاردێنێت و بەسەر عیسای ناسیرەدا جێبەجێی دەکات. ئەگەر بەراوردێکی ورد بکەین لەنێوان پەیمانی کۆن و نوێ ئەوا دەتوانین زیاتر لە بیست خاڵی هاوبەش لەنێوان موسا و عیسادا بدۆزینەوە. پرسیارەکانی ئەم وانەیە باس لە لایەنە هاوبەشەکانی موسا و عیسا دەکات و بۆ سێ بەش دابەشکراوە: سەردەمی منداڵی، ئەزموونی تاکەکەسی و خزمەت.

لەبەرکردنی دەق: (دواواتار ١٨: ١٨)

تکایە هێمای ڕاست لەنێو ئەو چوارگەشەیەدا دابنێ ئەگەر هاتوو ئایەتەکەت لەبەرکرد. ☐

ڕۆژانە بەسەر بەسەر ئایەتی وانەکانی پێشوودا بچۆوە.

پرسیارەکانی وانەی شازدەیەم

A. سەردەمی منداڵییان

1. ناوی ئیمپراتۆرەکانی کاتی لەدایکبوونی ئەم دوو پێغەمبەرە چی بوو؟ (دەر ١: ٨- ١٤، لۆ ٢: ١- ٧)

1) (موسا) ....

2) (عیسا) ....

2. چۆن ژیانیان لە کاتی منداڵیدا کەوتە مەترسییەوە؟ (دەر ١: ١٥- ١٦، مت ٢: ١٦)

....

3. کێ ژیانی ئەو دوو منداڵەی ڕزگارکرد؟ (دەر ٢: ١- ٥، عب ١١: ٢٣، مت ٢: ١٣- ١٤)

....

4. بۆ ماوەیەک پەنایان بۆ چ جۆرە کەسێک برد؟ (دەر ٢: ١٠، مت ٢: ١٤- ١٥)

....

5. چ توانایەکی فکرییان نیشاندا؟ (کردار ٧: ٢٢، لۆ ٢: ٤٦- ٤٧، مت ١٣: ٥٤)

....

B. ئەزموونی تاکەکەسییان

6. باسی دوو تایبەتمەندی تایبەتیان بکە کە هاوبەش بێت لەنێوان موسا و عیسادا. (سەر ١٢: ٣، ٧، مت ١١: ٢٩، عب ٣: ١- ٦)

1) ....

2) ....

7. ئایا ئەم پێغەمبەرانە هەمیشە لەلایەن گەلی ئیسرائیلەوە پێشوازییان لێدەکرا؟ (دەر ٢: ١٤، ٣٢: ١، سەر ١٦: ٤١، یۆ ٧: ٥٢، مت ٢٧: ٢١- ٢٢)

....

8. هەندێ کات خوشک و براکانیان چۆن لەگەڵیان دەجوڵانەوە؟ (سەر ١٢: ١، مر ٣: ٢١، مت ١٣: ٥٤- ٥٧، یۆ ٧: ٣- ٥)

....

9. وەڵامی هەریەک لە پێغەمبەرەکان لەبەرانبەر خودا چی بوو لەبارەی گوناهەکانی گەلی ئیسراییلەوە؟ (دەر ٣٢: ٣١- ٣٢، لۆ ٢٣: ٣٤)

....

10. هەریەک لە پێغەمبەرەکان ئامادەبوون چی بکەین لەپێناو دامرکانەوەی تورەیی یەزدان لەبەرانبەر گوناهەکانی گەلی ئیسراییل؟ (دەر ٣٢: ٣١- ٣٢، لۆ ٢٣: ٣٤)

....

11. هەریەک لەم پێغەمبەرانە لە کاتێکی گرنگی زیانیاندا چییان کرد؟ (دەر ٣٤: ٢٨، مت ٤: ٢)

....

12. ئایا ئەم دوو پێغەمبەرە چێژیان لە پەیوەندی تایبەتییان لەگەڵ خودا وەردەگرت؟ (سەر ١٢: ٧- ٨ یۆ ١: ١٨، مت ١١: ٢٧)

....

13. ئەم پێغەمبەرانە دەچوونە چ شوێنێکی تایبەت تاکو کاتێکی تایبەت لەگەڵ خودا بەسەرببەن و قسەی لەگەڵ بکەن؟ (دەر ٢٤: ١٢، مت ٧: ١، ٥)

....

14. ئایا هیچ شوێنکەوتوو (قوتابی)یەکیان لەگەڵ خۆیان برد؟ (دەر ٢٤: ١٣، مت ١٧: ١)

....

15. ئەو ئەزموونە چ کاریگەرییەکی کردە سەر جەستەیان؟ (دەر ٣٤: ٢٩- ٣٠، مت ١٧: ٢)

....

16. بە چ ڕێگایەکی تایبەت لانی کەم یەزدان یەک جار لەگەڵیان دوا؟ (دەر ١٩: ١٩- ٢٠)

....

17. چ بوونەوەرێکی نائاسایی شوێنی ناشتنی ئەم دوو پێغەمبەرەی پاراست؟ (یا ٩، مت ٢٨: ٢- ٧)

....

C. خزمەتەکانیان

18. باسی دوو خزمەتی دیکەی هەریەک لەو پێغەمبەرانە بکە کە لە دەرەوەی خزمەتی خۆیان ئەنجامیانداوە.

1) (دوا ٤: ١، ٥، مت ٥: ١- ٢، یۆ ٣: ١- ٢)

....

2) (زەبوور ٧٧: ٢٠، ئی ٦٣: ١١، یۆ ١٠: ١١، ١٤، ١٧)

....

19. هەریەک لەو پێغەمبەرانە چ ڕاستییەکی گرنگ و تایبەتیان لەبارەی خوداوە بۆ گەلی خودا ئاشکراکرد؟ (دەر ٣: ١٣- ١٥، یۆ ١٧: ٦)

....

20. خودا چ جۆرە خواردنێکی بەشێوەیەکی نائاسایی لەڕێگەی هەریەک لەم پێغەمبەرانەوە دابینکرد؟ (دەر ١٦: ١٤- ١٥، زەبوور ٧٨: ٢٤، یۆ ٦: ٣٢، ٣٣، ٥١)

....

21. موسا ئیسراییلی له چ جۆره کویلەییەک ڕزگارکرد؟ (دەر ٣: ١٠، دوا ٦: ٢١)

....

22. عیسا ئەو کەسانەی له چ جۆره کۆیلەییەک ڕزگارکرد که باوەڕیان پێی هێنا؟ (یۆ ٨: ٣١- ٣٦)

....

23. هەریەک لەم پێغەمبەرانه چۆن یارمەتی کەسانی نەخۆشییان دا؟ (دەر ١٥: ٢٥- ٢٦، سەر ٢١: ٦- ٩، مت ٤: ٢٣، ٨: ١٦- ١٧)

....

24. ئایا هیچ پێغەمبەرێکی دیکه وەک ئەم دوانه توانییان پەرجووی مەزن ئەنجامبدەن؟ (دوا ٣٤: ١٠- ١٢، یۆ ٥: ٣٦، ١٥: ٢٤، کردار ٢: ٢٢)

....

25. هەریەک لەم پێغەمبەرانه چییان لەنێوان یەزدان و خەڵکدا دامەزراند؟ (دەر ٢٤: ٧- ٨ مت ٢٦: ٢٦- ٢٨)

....

26. به چی مۆر کرابوو؟ (عب ٩: ١١- ٢٢)

....

لەبەرکردنی دەق: (دواوتار ١٨: ١٨)

ئەم ئایەته لەبەر بنووسەوە.

....

....

....

....

تکایە مەڕۆ لاپەڕەکەی دیکە تاکو وەڵامی هەموو پرسیارەکان دەدەیتەوە.

نمره و وەڵامی دروستی پرسیارەکانی وانەی شازدەیەم

پرسیار	وەڵام	نمره
1	1) فیرعەون 2) قەیسەر ئۆگستۆس	1 1
2	پاشا خراپەکان فەرمانیان دەرکرد کە هەردووکیان بکوژرێن	1
3	دایک و باوکیان	1
4	خەڵکی میسر	1
5	دانایی نائاسایی و تێگەیشتن	1
6	1) بێفیزی 2) وەفاداری بەرانبەر خودا	1 1
7	نەخێر	1
8	ڕەتیان دەکردنەوە و ڕەخنەیان لێدەگرتن	1
9	هەریەکێکیان نوێژیان بۆ خودا کرد کە لە خەڵکەکە خۆشبێت	1
10	هەریەکێکیان ئامادەبوون کە سزای خەڵک بە ئەستۆ بگرن	1
11	هەریەکێکیان چل ڕۆژ بەڕۆژوو بوون	1
12	بەڵێ	1
13	شاخێکی بەرز	1
14	بەڵێ	1
15	ڕوخساریان دەدرەوشایەوە	1
16	خودا لە ئاسمانەوە قسەی لەگەڵکردن	1
17	فریشتەکان	1
18	1) مامۆستایی (فێرکەر) 2) شوانی	1 1
19	ناوی یەزدان	1
20	نانیان لە ئاسمانەوە بۆ دابینکرا	1

1	کۆیلەیی فیرعەون لە میسر	21
1	کۆیلەیی گوناه	22
1	نەخۆشەکانیان چاکدەکردەوە	23
1	نەخێر	24
1	پەیمان	25
1	خوێنی قوربانی (لەخاچدانی مەسیح)	26

سەیری ئەو پارچە کاغەزە بکە کە ئایەتەکەت لەسەری نووسیوە. ئەگەر ئایەتەکەت بەباشی لەبەرنەکردووە ئەوا کتێبی پیرۆز بکەوە و ئەوەندە بیخوێنەوە هەتا بە جوانی لەبەریدەکەیت.

ئەگەر بەباشی لەبەرتکرد ئەوا چوار نمرە وەردەگریت. هەر وشەیەکیش بە هەڵە بنووسیت، نمرەیەکت لێ کەم دەبێتەوە. ئەگەر سێ هەڵەت کردبوو ئەوا هیچ نمرەیەک بەدەستناهێنیت.

پرسیارەکان یەک ئایەت	29 نمرە 4 نمرە
کۆی گشتی نمرەکان	33 نمرە

هەڵسەنگاندن: ١٧ وەڵامی دروست= ٥٠٪. ٢٣ وەڵامی دروست= ٧٠٪. ٢٦ وەڵامی دروست= ٨٠٪

تێبینیی وەڵامە دروستەکانی وانەی شازدەیەم

ئەم ژمارانەی خوارەوە پەیوەندی بە ژمارەی وەڵامە ڕاستەکانەوە هەیە.

1- 4. لە هەموو بارودۆخەکاندا، شەیتان کە دوژمنی گەورەی ئیسرایلە دەیویست ڕزگارکاری دەستنیشانکراوی خودا لەناوببات پێش ئەوەی ڕزگارکار ئەرکەکەی ئەنجام بدات. هەریەکێکیان بە باوەڕ و هاندانی باوک و دایکیان پارێزران.

5. خودا بەتایبەتی موسا و عیسای لەڕووی فکرییەوە پڕچەک کردبوو.

6. هەردووکیان پشتیان بە هێزی سەرووسروشتی خودا بەست نەوەک هێزی سروشتیی خۆیان.

7- 8. هەڵسوکەوت و ئاکاری هەڵە دەتوانێت ڕێگری لە گەلی خودا بکات لە ناسینەوە و شکۆدارکردنی ڕزگارکاری خودا.

9- 10. موسا و عیسا هەردووکیان ئامادەبوون کە سزای گەلی خودا بگرنە ئەستۆ بەڵام تەنیا عیسا توانی ئەو کارە بکات چونکە بێگوناه بوو (عب ٧: ٢٦- ٢٧).

12- 16. هەردوو پێغەمبەرەکە پشتیان بە پەیوەندی لەگەڵ خودا دەبەست. ئەنجامی ئەم پەیوەندییەش بە چەندین شێوەی تایبەت دەرکەوت.

19. ناوی خودا سروشتی خودا دەردەخات. لەڕێگەی موساوە، خودا بە جاویدانی و نەگۆڕ خۆی دەرخست. لەڕێگەی عیساوە، خودا بە باوک خۆی دەرخست (مت ١١: ٢٧، ڕۆ ٨: ١٥).

20. ئەو مەنەی کە موسا بۆ گەلی خودای دابنیکرد، بۆ ماوەیەکی کاتی جەستەیانی بە زیندوویی دەهێشتەوە. هەندێ لەوانەی کە مەنیان خوارد، دواتر لەژێر حوکمی یەزداندا مردن (سەرژمێری ١٤: ٢٢- ٢٣، ٣٢، ٢٦: ٦٣- ٦٥). بەڵام باوەڕدار لەڕێگەی باوەڕهێنان بە مەسیح ژیانی هەرمان و جاویدانی بەدەستدێنێت (یۆ ٦: ٤٧- ٥١).

21- 22. موسا گەلی خودای لە کۆیلەی جەستەیی ڕزگارکرد، بەڵام مەسیح باوەڕداران لە کۆیلەی ڕۆحی ڕزگاردەکات.

25- 26. گەلی ئیسراییل یەکەم پەیمانیان شکاند کە یەزدان لەگەڵیان بەستبووی، سەرەڕای ئەوەش یەزدان بەڵێنی پێدان کە پەیمانێکی دیکەیان لەگەڵ ببەستێ کە بەخشینی هەموو گوناهەکان دەستەبەردەکات (یەر ۳۱: ۳۱- ۳٤). عیسا هات تاکو پەیمانە نوێیەکە جێگیربکات.

دەرەنجام

لەم وانەیەدا باسی **۲٦** لایەنی هاوبەشی موسا و عیسامان کرد. مەحاڵە کە بتوانین پێغەمبەرێکی دیکە لە ئیسراییل پەیدابکەین کە تەنانەت هەندێکی کەم لەم لایەنە هاوبەشەی لەگەڵ موسا هەبێت. هەربۆیە زۆر ناماقووڵ و ناژیرانەیە ئەگەر بڵێین عیسا ئەو پێغەمبەرە نییە کە موسا لە (دواوتار **۱۸: ۱۸- ۱۹**) پێشبینی هاتنی کردووە.

کەواتە، ئەگەر عیسا ئەو پێغەمبەرەیە کە موسا پێشبینی کردووە، زۆر گرنگە کە ئێمە دان بەم ڕاستییەدا بنێین و گوێ لە فەرمانەکانی بگرین. یەزدان لەبارەی عیسای مەسیحەوە دەفەرموێت: "جا وا دەبێت ئەو کەسەی گوێ لە وشەکانم نەگرێت کە ئەو بە ناوی منەوە پێی دەدوێت، من لێپرسینەوەی لەگەڵ دەکەم" (دواوتار **۱۸: ۱۹**).

دوو بژاردەمان هەیە، ئەوانیش بریتین لە حوکمی خودا و بەرەکەتی خودا؛ لێپرسینەوەمان لەگەڵ دەکرێت ئەگەر عیسای مەسیح ڕەتبکەینەوە، خودا بەرەکەتمان دەداتێ ئەگەر دانی پێدابنێین و شوێنی بکەوین.

سێیەم هەڵسەنگاندنی گەشەسەندن

ئەم جارەش پیرۆزباییت لێدەکەین!

تا ئێستا شازدە وانەت تەواوکردووە، ئێستا تەنیا یەک بەشی دیکەت ماوە کە لە چوار وانە پێکهاتووە. بۆ ساتێک سەیربکە بزانە ئەمە واتای چییە!

لەو پێنج وانەیەی کە ئێستا تەواوت کردن، لێکۆڵینەوەیەکی زۆر وردت کردووە لەسەر هەندێک لە گرنگترین و قوڵترین ئەو بابەتانەی کە تا ئێستا لە ئەدەبی جیهانیدا ئاشکراکراوە. ئەمانەی خوارەوە نموونەی هەندێک لەو بابەتانەن:

- مێژوو و چارەنووسی ئیسرایل.
- ژیان و کەسایەتی سێ گەورەترین مرۆڤی سەر زەوی کە تا ئێستا توانیبێتیان قۆناغی مێژووی مرۆڤایەتی ببڕن: ئیبراهیم و موسا و عیسا.
- بابەتی بنەڕەتی و سەرەکی پێشبینییەکانی کتێبی پیرۆز: ژیان و خزمەتی مەسیحی ڕزگارکار.

سەرەڕای ئەمانەش، گەڕاوی بەدوای نزیکەی ٢٠٠ ئایەتی کتێبی پیرۆز تاکو وەڵامی پرسیارەکانی پێبدەیتەوە. هەروەها بڕیارتداوە کە ٢٣ ئایەتی گرنگی کتێبی پیرۆز لەبەربکەیت.

بێهیوا مەبە و بەردەوام بە! تەنیا چەند وانەیەکی دیکە ماوە تاکو ڕامانەکە کۆتایی پێبێت. ئەوکات بۆت دەردەکەوێت کە تەیارتریت و دەتوانیت لەم جیهانەدا چێژ لە سوودەکانی ناسینی یەزدان وەربگریت.

ئێستاش با باسێکی وانەی (١٧، ١٨، ١٩) بکەین. لەم سێ وانەیەدا گرنگترین ڕووداوی مێژوویی دەخوێنین کە گەڕانەوەی عیسای مەسیحە. هەروەها باسی چەند نیشانەیەک دەکەین کە هێمای هاتنەوەی مەسیحە. پاشان لە کۆتا پێداچوونەوەدا وەڵامی پرسیارەکان دەدەیتەوە. هەروەها لە وانەی بیستدا هەموو بەشەکان پێکەوە کۆکراونەتەوە تاکو لە ژیانی ڕۆژانەتدا جێبەجێیان بکەیت. بەردەوام بە! سەرکەوتوو دەبیت!

پێداچوونەوەی سێیەم

پێش ئەوەی بڕۆیتە سەر وانەی حەڤدەیەم، دەبێت دڵنیابیت لەوەی کە بەباشی لە هەموو بابەتە پڕ زانیارییەکانی وانەی دوازدە تا شازدە تێگەیشتوویت. تا باشتر لەو چەند وانەیە تێبگەیت باشتر دەتوانیت لە سێ سەرنجڕاکێشترین وانەی داهاتوو تێبگەیت.

ئەو شێوازەی لەم پێداچوونەوەیەدا پەیڕەودەکرێت، هەروەکو پێداچوونەوەکانی پێشترە.

یەکەم: پێداچوونەوەیەکی ورد بکە لەسەر پرسیار و وەڵامەکانی پێنج وانەی پێشتر. بزانە ئایا لە پرسیارەکان تێدەگەیت و وەڵامەکانیان بەباشی دەزانیت.

دووەم: بەسەر ئەو پێنج دەقەی کتێبی پیرۆزدا بچۆوە کە لەم پێنج وانەیەدا لەبەرتکردوون.

سێیەم: بەباشی ئەم پرسیارانەی خوارەوە بخوێنەوە و سەرنجی وەڵامەکانیان بدە. پرسیارەکان پەیوەستن بەو وانانەی کە تا ئێستا خوێندوومانن.

1. پێت وایە چ وانە و پەندێک لە مێژووی ئیسرائیلدا تا ئێستاش بەسەر ئیسرائیل و نەتەوەکانی دیکەدا جێبەجێ دەبێت؟
2. کاتێک ڕۆحی پیرۆز هاتە سەر عیسای مەسیح، توانای ئەنجامدانی چ کارێکی پڕ لە بەزەیی پێبەخشی؟
3. باسی دە ڕووداوی ژیانی عیسا بکە کە بەهۆیانەوە پێشبینییەکانی پەیمانی کۆنی بەدیهێناوە.
4. باسی دە خاڵی گرنگی هاوبەشی نێوان موسا و عیسا بکە.

لەسەر پارچە کاغەزێکی جیاواز وەڵامی ئەو پرسیارانەی سەرەوە بنووسە.

تێبینی: وەڵامی ئەم پرسیارانەی سەرەوە هیج نمرەیەکی لەسەر نییە، تەنیا مەبەستمان ئەوەیە کە دڵنیابیت لەوەی کە ئەوەی فێربوویت بە باشی لە مێشک و دڵتدا چەسپاوە. لە دوای ئەنجامدانی ئەو شتانەی کە لێرەدا باسمان کردوون، تکایە بڕۆ بۆ وانەی حەڤدەیەم.

وانەی حەڤدەیەم

هاتنەوەی مەسیح

ناساندن

عیسای مەسیح نزیکەی ۲۰۰۰ ساڵ لەمەوپێش هاتە سەر زەوی. لە نووسراوە پیرۆزەکاندا (کتێبی پیرۆز) وردەکاری هاتنەکەی باسکراوە و پێشبینی کراوە. هاتنی مەسیح ڕێک بەو شێوەیە بوو کە لە کتێبی پیرۆزدا پێشبینی کرابوو. کاتێک عیسا زەوی بەجێهێشت، قوتابییەکانی لەوە دڵنیاکردەوە کە دووبارە دەگەڕێتەوە سەر زەوی. جگە لە قسەی خودی عیسا، لە کتێبی پیرۆزدا چەندین پێشبینی هەیە لە سەر دووبارە هاتنەوەی عیسای مەسیح. لەڕاستیدا پێشبینییەکانی دووەم هاتنەوەی زیاترە لە یەکەم هاتنی بۆ سەر زەوی.

لەبەرئەوەی هەموو پێشبینییەکان لەسەر یەکەم هاتنی ڕێک بەو جۆرە ڕوویدا کە نووسرابوو، هەربۆیە پێشبینییەکان لەسەر دووەم هاتنیشی بە شیمانەیەکی زۆر ڕاستدەردەچن و بەدیدێن.

ئایەتەکانی ئەم وانەیە بەڕوونی باس لە بەڵێنەکانی هاتنەوەی مەسیح دەکەن. هەروەها پێمان دەڵێن کە لەو کاتەدا مەسیح چی بەسەر دێت و هەروەها باوەڕدارەکان چۆن خۆیان بۆ ئەو ڕۆژە ئامادەبکەن.

لەبەرکردنی دەق: (لۆقا ۲۱: ۳٦)

☐ تکایە هێمای ڕاست لەنێو ئەو چوارگەشەیەدا دابنێ ئەگەر هاتوو ئایەتەکەت لەبەرکرد.

ڕۆژانە بەسەر بەسەر ئایەتی وانەکانی پێشوودا بچۆوە.

پرسیارەکانی وانەی حەڤدەیەم

A. بەڵێنەکانی گەڕانەوەی مەسیح

1. عیسا بۆ چ مەبەستێک بە قوتابییەکانی گوت کە بەجێیاندێڵێت؟ (یۆ ١٤: ٢)

....

2. کاتێک عیسا قوتابییەکانی بەجێهێشت، بەڵێنی چی پێدان؟ (یۆ ١٤: ٣)

....

3. کاتێک عیسا بەرزکرایەوە بۆ ئاسمان، فریشتەکان چ بەڵێنێکیان دا؟ (کردار ١: ١١)

....

4. ئەو "هیوا بەرەکەتدارە" چییە کە هەموو مەسیحییەکان چاوەڕێی دەکەن؟ (تت ٢: ١٣)

....

5. لەکاتی گەڕانەوەی مەسیح لە ئاسمانەوە، گوێمان لە کام سێ دەنگە دەبێت؟ (یە. سا ٤: ١٦)

1) ....

2) ....

3) ....

B. باوەڕداران چییان بەسەردێت

6. کاتێک مەسیح دێتەوە، هەموو باوەڕداران مردوون (نووستوون)؟ (یە. کۆ ١٥: ٥١)

....

7. لەکاتی گەڕانەوەی مەسیحدا، چی بەسەر ئەو باوەڕدارانەدا دێت کە مردوون؟ (یە. سا ٤: ١٦)

....

8. پاشان ئەو دوو شتە چییە کە بەسەر باوەڕداراندا دێت، مردوو بن یان زیندوو؟

1) (یە. کۆ ١٥: ٥١) ....

2) (یە. سا ٤: ١٧) ....

9. ئایا باوەڕداران جارێکی دیکە لە مەسیح جیادەبنەوە؟ (یە. سا ٤: ١٧)

....

10. کاتێک بەڕاستی پەروەردگار دەبینین، چ گۆڕانکارییەکمان تێدا ڕوودەدات؟ (یە. یۆ ٣: ٢)

....

11. لە ئەنجامی ئەم گۆڕانکارییەوە، ئەوکات جەستەی باوەڕداران چۆن دەبێت؟ (فل ٣: ٢١)

....

12. ئەو دوو وشە کامەیە کە پۆڵس بەکاریدێنێ لە وەسفی جەستەی باوەڕداراندا لەدوای هەستانەوە (ڕۆژی دوایی)؟ (یە. کۆ ١٥: ٥٣)

1) ....

2) ....

13. کتێبی پیرۆز بەو ئاهەنگە چیدەڵێت کە ئەوکات باوەڕدار پێی دڵشاد دەبن؟ (ئش ١٩: ٩)

....

C. باوەڕداران چۆن دەبێت خۆیان ئامادەبکەن

14. بووکی بەرخەکە پێش خوانی زەواج چی دەکات؟ (ئش ١٩: ٧)

....

15. بووکەکە چ جۆرە جلێک دەپۆشێت؟ (ئش ١٩: ٨)

....

16. کەتانی ناسک ئاماژەیە بۆ چی؟ (ئش ١٩: ٨)

....

17. لە دە پاکیزەکە، کامانەیان بەشدارییان لە شاییەکەدا کرد؟ (مت ٢٥: ١٠)

....

18. ئەگەر کەسێک بە ئومێدی ئەوە بێت کە مەسیح لەکاتی گەڕانەوەدا ببینێت، دەبێت چۆن خۆی ئامادەبکات؟ (یە. یۆ ٣: ٣)

....

19. عیسا بۆ جاری دووەم بۆ ڕزگارکردنی کێ دەردەکەوێت؟ (عب ٩: ٢٨)

....

20. ئەگەر بمانەوێت پەروەردگار ببینین، ئەو دوو شتە چییە کە دەبێت بیکەین؟ (عب ١٢: ١٤)

1) ....

2) ....

21. سێ حاڵەتی باوەڕداری ڕاستەقینە بنووسە کاتێک عیسا دەگەڕێتەوە سەر زەوی؟ (دوو. پت ٣: ١٤)

1) ....

2) ....

3) ....

22. عیسا لە وەسفی خێرا گەڕانەوەیدا، چ وشەیەکی بەکارهێنا؟ (ئش ٣: ٣، ١٦: ١٥)

....

23. کێ کاتی و ڕۆژی گەڕانەوەی مەسیح دەزانێت؟ (مر ١٣: ٣٢)

....

24. مەسیح باوەڕدارانی ئاگادارکردەوە کە لەکاتی هاتنەوەیدا بۆ سەر زەوی چی بکەن؟ (مر ١٣: ٣٢)

....

25. مەسح باوەڕدارانی ئاگادارکردنەوە کە سەرەڕای ئێشکگرتنیان، چی دیکە بکەن؟ (لۆ ٢١: ٣٦)

....

26. ئەو سێ چییە کە مەسیح ئاماژەی پێکرد کە دەبێتە هۆی ڕێگریکردنی لە ئامادەکاری باوەڕداران؟ (لۆ ٢١: ٣٤)

1) ....

2) ....

3) ....

لەبەرکردنی دەق: (لۆقا ٢١: ٣٦)

ئەم ئایەتە لەبەر بنووسەوە.

....

....

....

....

تکایە مەڕۆ لاپەڕەکەی دیکە تاکو وەڵامی هەموو پرسیارەکان دەدەیتەوە.

نمره و وەڵامی دروستی پرسیارەکانی وانەی حەڤدەیەم

پرسیار	وەڵام	نمره
1	بۆ ئەوەی بڕوات و شوێنیان بۆ ئامادەبکات	1
2	بەڵێنی پێدان کە بگەڕێتەوە و بیانبات بۆ لای خۆی	2
3	ئەم عیسایە، کە لەنێوتاندا بۆ ئاسمان بەرزکرایەوە، چۆن بینیتان دەچووە ئاسمان، ئاواش دێتەوە	2
4	دەرکەوتنی شکۆی خودای گەورە و ڕزگارکەرمان عیسای مەسیح	2
5	1) دەنگی بەرز 2) دەنگی سەرۆکی فریشتەکان 3) کەڕەنای خودا	1 1 1
6	نەخێر	1
7	زیندوو دەبنەوە	1
8	1) هەموویان دەگۆڕدرێن 2) هەموومان لەگەڵیان لە هەوردا دەڕفێنرێین بۆ پێشوازی مەسیحی خاوەن شکۆ لە ئاسماندا	1 1
9	نەخێر، هەرگیز جیانابنەوە	1
10	وەکو ئەومان لێدێت	1
11	وەکو جەستەی شکۆداری مەسیح دەبێت	1
12	1) نەفەوتاو 2) نەمر	1 1
13	خوانی زەماوەندی بەرخەکە	1
14	خۆی ئامادە دەکات	1
15	کراسێکی کەتانی ناسک و پاک و پرشنگدار دەپۆشێت	1
16	ئاماژەیە بۆ کرداری ڕاستودروستی پیرۆزەکان	1
17	ئەوانەی کە لە شاییەکەدا ئامادەبوون	1

18	دەبێت خۆی پاکبکاتەوە وەک چۆن مەسیح پاکە	2
19	ئەوانەی کە بە پەرۆشەوە چاوەڕێی گەڕانەوەی دەکەن	1
20	1) کۆشش بکەین لەگەڵ هەموو کەسێک بە ئاشتی بژین 2) هەوڵی پیرۆزبوون بدەین	1 1
21	1) لە ئاشتیدا بێت 2) بێ لەکە بێت 3) بێ گلەیی بێت	1 1 1
22	وشەی "دز"ی بەکارهێنا	1
23	کەس نازانێت جگە لە خودای باوک	1
24	ئێشکبگرن	1
25	هەمیشە نوێژ بکەن	1
26	1) ڕابواردن 2) سەرخۆشی 3) خەم و خەفەتی ژیان	1 1 1

سەیری ئەو پارچە کاغەزە بکە کە ئایەتەکەت لەسەر نووسیوە. ئەگەر ئایەتەکەت بەباشی لەبەرنەکردووە ئەوا کتێبی پیرۆز بکەوە و ئەوەندە بیخوێنەوە هەتا بە جوانی لەبەریدەکەیت.

ئەگەر بەباشی لەبەرتکرد ئەوا چوار نمرە وەردەگریت. هەر وشەیەکیش بە هەڵە بنووسیت، نمرەیەکت لێ کەم دەبێتەوە. ئەگەر سێ هەڵەت کردبوو ئەوا هیچ نمرەیەک بەدەستناهێنیت.

پرسیارەکان یەک ئایەت	39 نمرە 4 نمرە
کۆی گشتی نمرەکان	43 نمرە

هەڵسەنگاندن: ٢٢ وەڵامی دروست= ٥٠٪. ٣٠ وەڵامی دروست= ٧٠٪. ٣٤ وەڵامی دروست= ٨٠٪

تێبینیی وەڵامە دروستەکانی وانەی حەڤدەیەم

ئەم ژمارانەی خوارەوە پەیوەندی بە ژمارەی وەڵامە ڕاستەکانەوە هەیە.

1- 5. "هەر بابەتێک لەسەر زاری دوو یان سێ شایەت بسەلمێنرێت" (مت ١٨: ١٦). لەبارەی گەڕانەوەی مەسیح، سێ شایەتمان هەیە: (١) خودی مەسیح (یۆ ١٤: ٣)؛ (٢) فریشتەکان؛ (٣) پۆڵسی قوتابی (یە. سا ٤: ١٦). سەرنجبدە کە جەختکردنەوە لەسەر گەڕانەوەی خودی مەسیح گەورەترین ئامانج و مەبەستی ژیانی باوەڕدارە: "هەمان عیسا" (کردار ١: ١١)، "خودی مەسیحی خاوەن شکۆ" (یە. سا ٤: ١٦)، "ئەم هیوای بەرەکەتە" (تت ٢: ١٣).

5 (1) دەنگە بەرزەکە هی خودی یەزدانە. تەنیا دەنگی یەزدان هێزی ئەوەی هەیە بانگی مردوو بکات (یۆ ٥: ٢٨- ٢٩). (2) بە شیمانەیەکی زۆر جبراییل سەرۆکی فریشتەکانە. ئەرکە تایبەتەکەی سەرۆکی فریشتەکان ڕاگەیاندنی کاری خودایە لە کاروباری مرۆڤەکاندا (لۆ ١: ١٩، ٢٦). (3) کەڕەناش بۆ بانگکردنی هەموو گەلی خودا بەکاردێت (سەر ١٠: ٢- ٣)

6. "نووستن" واتە مردن. بەراوردێک بکە لە نێوان (کردار ٧: ٦٠) و (یە. کۆ ١١: ٣٠). نووستن لەجێگەی مردنی باوەڕداران بەکارهاتووە چونکە موشتاقی ئەوەن کە لە بەیانی ڕۆژی هەستانەوەدا (ڕۆژی دوایی) لە خەو هەستن.

6- 8. ڕیزبەندی ڕووداوەکان بەم جۆرەیە: (١) باوەڕدارە مردوو (نوستوو)ەکان بە جەستەیەکی نوێ و شکۆدارەوە زیندوو دەبنەوە. (٢) باوەڕدارە زیندووەکانیش جەستەیان دەگۆڕێت و شکۆدار دەبن. (٣) هەموو مەسیحییەکان لەسەر هەورەکان چاوەڕێ دەکەن تاکو لەکاتی هاتنەوەی پەروەردگاردا پێشوازی لێ بکەن.

10- 12. جەستەی شکۆداربووی باوەڕداران وەکو جەستەی مەسیح دەبێت.

13. (مت ٨: ١٦) بە (مت ٢٦: ٢٩) بەراوردبکە.

14- 21، 24- 25. کتێبی پیرۆز بەڕوونی پێمان دەڵێت کە باوەڕداران دەبێت بەباشی هەوڵبدەن خۆیان ئامادەی گەڕانەوەی مەسیح بکەن. لە (ئش ۱۹: ۸)دا واتای تەواو و وردی"کەتانی ناسک" واتە "کردارە ڕاستودروستەکانی پیرۆزکراوان." ئەمە ڕاستودروستی خودی مەسیحە کە لەڕێگەی باوەڕەوە بەدەستمانهێناوە. دەبێت ڕۆژانە لە ژیانی باوەڕداراندا جێبەجێبکرێت.

لەم ڕوانگەیەوە کتێبی پیرۆز ڕێنمایی باوەڕداران دەکات کە بەم کردارە ڕاستودروستیانەی خوارەوە خۆیان ئامادەبکەن:

1) پاکی (بێ لەکە) (یە. یۆ ۳: ۳، دوو. پت ۳: ۱٤)

2) پیرۆزی (عب ۱۲: ۱٤)

3) ئاشتی (باش هەڵسوکەوتکردن لەگەڵ هەموو کەسێکدا) (عب ۱۲: ۱٤، دوو. پت ۳: ۱٤)

4) بێ گلەیی (وەفاداربوون لە کاروباری باوەڕداراندا) (دوو. پت ۳: ۱٤)

5) ئومێدواربوون (موشتاقی گەڕانەوەی مەسیح بین) (عب ۹: ۲۸)

6) ئێشکگرتن (مر ۱۳: ۳۷)

7) نوێژکردن (لۆ ۲۱: ۳٦)

22. عیسا وەکو دز دێت، بەڵام تەنیا ئەو شتانە دەبات کە هی خۆین، "لەکاتی هاتنیدا، ئەوانەی کە هی مەسیحن" (یە. کۆ ۱۵: ۲۳).

23. کە کاتی هات، باوک بە ڕۆڵە دەڵێت. ئینجا هەموو ئاسمان دەستبەکار دەبێت.

26 (1) عیسا هەمیشە پێش ئەوەی کە لە سەرخۆشبوون ئاگادارمان بکاتەوە، لە زۆرخۆری و زۆر خواردنەوە ئاگاداری کردووینەتەوە. (3) سەیری (لۆ ۱۷: ۲۷- ۲۸) بکە. خودی ئەو شتانەی کە لێرەدا باسیان لێوەکراوە، گوناه نین بەڵکو گیرۆدەبوون پێیانەوە و زۆر بەکارهێنانیان گوناهە.

وانەی هەژدەیەم

نیشانەکانی هاتنەوەی مەسیح

ناساندن

کتێبی پیرۆز باسی زۆر شتی سەرنجڕاکێشمان بۆ دەکات کە پێش هاتنەوەی مەسیح بۆ سەر زەوی ڕوودەدەن. ئەوکات ئەو شتانە دەبنە نیشانە بۆ ئاگادارکردنەوەی ئێمە کە هاتنەوەی مەسیح نزیکە. لەم وانایەدا باس لە هەندێک لە گرنگترین نیشانەکان دەکەین کە بەسەر دوو گروپدا دابەشدەکرێن:

A. نیشانەکانی جیهانی ئایینی

B. نیشانەکانی جیهانی ئاسایی

لە ژێر هەر گروپە نیشانەیەکدا، ئاماژە بەو ئایەتە کراوە کە ئەم نیشانانەیەی تێدا باسکراوە. لەم وانەیەدا پێویستە ئەم داواکارییانەی خوارەوە جێبەجێبکەیت:

1) نیشانەکانی گروپی (A) بخوێنەوە.
2) ئەو ئایەتانە بخوێنەوە کە لە ژێر گروپی (A)دا هاتووە.
3) لەژێر هەر نیشانەیەکدا ئەو ئایەتە بنووسە کە باسی دەکات.
4) هەمان شت لە گروپی (B) دووبارە بکەوە.
5) لە کۆتایی هەر نیشانەیەکدا، چوارگۆشەیەک☐دەبینیت. کاتێک کە خەریکی تەواوکردنی وانەکەیت، جارێکی دیکە نیشانەکان بخوێنەوە و هێمای ڕاست لەنێو چوارگۆشەی کۆتاییدا بکە ئەگەر پێتوایە کە ئەو نیشانەیە لەم ڕۆژگارەدا و لە جیهان بەدیهاتووە.

تێبینی: بۆ هەر نیشانەیەک تەنیا یەک ئایەتی کتێبی پیرۆزی بۆ دەبێت. بەڵام لە گروپی (B)، (مەتا ٢٤: ٧) بۆ سێ نیشانەی جیاواز دەبێت. (مەتا ٢٤: ٧) لە ژێر ئەو نیشانەیەدا بنووسە کە باسی لێوە کردووە.

لەبەرکردنی دەق: (لۆقا ٢١: ٢٨)

تکایە هێمای ڕاست لەنێو ئەو چوارگەشەیەدا دابنێ ئەگەر هاتوو ئایەتەکەت لەبەرکرد. ☐

ڕۆژانە بەسەر بەسەر ئایەتی وانەکانی پێشوودا بچۆوە.

پرسیارەکانی وانەی هەژدەیەم

A. نیشانەکانی جیهانی ئایینی

1. ڕژانی ڕۆحی پیرۆز بەسەر جیهاندا

☐ ....

2. موژدەدان و مزگێنیدان لە سەرتاسەری جیهان

☐ ....

3. هەموو نەتەوەکان ڕقیان لە باوەڕداران دەبێتەوە و لەناویاندەبەن و دەیانکوژن و دەیانچەوسێننەوە

☐ ....

4. چەندین پێغەمبەری درۆزن سەرهەڵدەدەن

☐ ....

5. زۆر کەس واز لە مەسیحییەت دێنن

☐ ....

6. شەیتان باوەڕدارێکی زۆر هەڵدەخەڵەتێنێت، خۆیان دەدەنە دەست ڕۆحە فێڵبازەکان

☐ ....

7. باوەڕدارێکی زۆر خۆشەویستییان نامێنێت

☐ ....

شایەتەکانی کتێبی پیرۆز

مەتا ٢٤: ١٢ کرداری نێردراوان ٢: ١٧ مەتا ٢٤: ١٤ یەکەم تیمۆساوس ٤: ١	مەتا ٢٤: ١١ مەتا ٢٤: ٩ دووەم سالۆنیکی ٢: ٣

B. نیشانەکانی جیهانی ئاسایی

8. جەنگی گەورەی جیهانی، نەتەوە دژی نەتەوە ڕادەوەستێت

☐ ....

9. زیادبوونی گەشت و زانیاری

☐ ....

10. سەرهەڵدانی سییۆنیزم و بنیاتنانەوەی ئیسراییل

☐ ....

11. ئیسراییل لەژێر دەستی ناجولەکەکان ڕزگاری دەبێت

☐ ....

12. گاڵتەجارێکی زۆر کتێبی پیرۆز ڕەتدەکەنەوە و باوەڕیان بە بەڵێنی هاتنەوەی مەسیح نییە

☐ ....

13. خەڵکی لەناو خۆشییە مادییەکان و ژیانی ڕۆژانەیاندا وندەبن و حوکمدان و لێپرسینەوەی خودایان لەبیردەچێت

☐ ....

14. دارمانی بەها ئەخلاقی و ئەدەبییەکان، هەروەها دارمانی ڕوخساری دەرەوەی ئایینی

☐ ....

15. بێ یاسایی لەڕادەبەردەر زیاد دەکات

☐ ....

16. قاتوقڕی و ئافات

☐ ....

17. بومەلەرزە لە چەندین شوێن دەدات

☐ ....

18. تەنگانە و سەرلێشێواویی گەلان

☐ ....

19. سەرهەڵدانی چەندین دژە مەسیح

☐ ....

شایەتەکانی کتێبی پیرۆز	
مەتا ٢٤: ١٢	دانیال ١٢: ٤
دووەم پەترۆس ٢: ٢- ٧	زەبوورەکان ١٠٢: ١٦
لۆقا ١٧: ٢٦- ٣٠	یەکەم یۆحەنا ٢: ١٨
لۆقا ٢١: ٢٥	مەتا ٢٤: ٧
لۆقا ٢١: ٢٤	دووەم تیمۆساوس ٣: ١- ٥

لەبەرکردنی دەق: (لۆقا ٢١: ٢٨)

ئەم ئایەتە لەبەر بنووسەوە.

....

....

....

....

تکایە مەڕۆ لاپەڕەکەی دیکە تاکو وەڵامی هەموو پرسیارەکان دەدەیتەوە.

نمره و وەڵامی دروستی پرسیارەکانی وانەی هەژدەیەم

پرسیار	وەڵام	نمره
1	کرداری نێردراوان ٢: ١٧	1
2	مەتا ٢٤: ١٤	1
3	مەتا ٢٤: ٩	1
4	مەتا ٢٤: ١١	1
5	دووەم سالۆنیکی ٢: ٣	1
6	یەکەم تیمۆساوس ٤: ١	1
7	مەتا ٢٤: ١٢	1
8	مەتا ٢٤: ٧	1
9	دانیال ١٢: ٤	1
10	زەبوورەکان ١٠٢: ١٦	1
11	لۆقا ٢١: ٢٤	1
12	دووەم پەترۆس ٣: ٢- ٧	1
13	لۆقا ١٧: ٢٦- ٣٠	1
14	دووەم تیمۆساوس ٣: ١- ٥	1
15	مەتا ٢٤: ١٢	1
16	مەتا ٢٤: ٧	1
17	مەتا ٢٤: ٧	1
18	لۆقا ٢١: ٢٥	1
19	یەکەم یۆحەنا ٢: ١٨	1

سەیری ئەو پارچە کاغەزە بکە کە ئایەتەکەت لەسەر نووسیوە. ئەگەر ئایەتەکەت بەباشی لەبەرنەکردووە ئەوا کتێبی پیرۆز بکەوە و ئەوەندە بیخوێنەوە هەتا بە جوانی لەبەریدەکەیت.

ئەگەر بەباشی لەبەرتکرد ئەوا چوار نمرە وەردەگریت. هەر وشەیەکیش بە هەڵە بنووسیت، نمرەیەکت لێ کەم دەبێتەوە. ئەگەر سێ هەڵەت کردبوو ئەوا هیچ نمرەیەک بەدەستناهێنیت.

پرسیارەکان یەک ئایەت	19 نمرە 4 نمرە
کۆی گشتی نمرەکان	23 نمرە

هەڵسەنگاندن: ١٢ وەڵامی دروست= ٥٠٪. ١٦ وەڵامی دروست= ٧٠٪. ١٨ وەڵامی دروست= ٨٠٪

سێ پرسیاری کۆتایی گرنگ

لەم وانەیەدا باسی نۆزدە نیشانەی هاتنەوەی مەسیحمان کرد.

1. هێمای ڕاستت لەبەردەم چەند دانە لە پرسیارەکان داناوە؟

....

2. ئایا بەڕای تۆ ئەمە واتای ئەوەیە کە مەسیح بەزوویی دەگەڕێتەوە سەر زەوی؟

....

3. ئەگەر وەڵامی پرسیاری دووەمت بەڵێیە، ئایا خۆت بۆ گەڕانەوەی مەسیح ئامادەکردووە؟

....

تێبینیی وەڵامە دروستەکانی وانەی هەژدەیەم

ئەم ژمارانەی خوارەوە پەیوەندی بە ژمارەی وەڵامە ڕاستەکانەوە هەیە.

1. دەستەواژەی "هەموو خەڵک" لە (کردار۲: ۱۷) واتە هەموو ڕەگەزی مرۆڤ. زۆتر لە پەرتوکی پێغەمبەراندا بەم واتایە بەکاردێت (ئی ٤٠: ٥- ٦، یەر ٢٥: ٣١، حز ٢١: ٤- ٥). هەموو مرۆڤێک هەست بە کاریگەری کۆتا ڕژانی گەورەی ڕۆحی پیرۆز دەکات.

2. بڵاوکردنەوەی پەیامی خودا و مزگێنیدان بە کەسانی دیکە، کاریگەرێکی سروشتی ڕژانی ڕۆحی پیرۆزی خودایە. سەرنجی نیشانەی تایبەتی دوای ڕژانی ڕۆحی پیرۆز بکە: "ئینجا کۆتاییەکە دێت" (مت ٢٤: ١٤).

3. لە سەدەی بیست ژمارەی باوەڕداره شەهیدەکان لە هەموو سەدەیەکی دیکە زیاتر بووە. بۆ نموونە، ئەو وڵاتانەی کە کۆمینیستن، بەهۆی سیاسەتی وڵاتەوە باوەڕدارانیان دەچەوساندەوە.

4- 6. ئەم سێ نیشانەیە ئاماژەدەکەن بە زیادبوونێکی بەرچاو لە هەڵخەڵەتاندن و فشاری شەیتان کە مەبەستی ئەوەیە باوەڕداران دڵسۆز نەبن بەرانبەر مەسیح و لێی دووركەونەوە. کتێبی پیرۆز باسی ئەوەی کردووە کە لە کۆتاییدا تەنیا دوو گروپی باوەڕدار دەمێننەوە. گروپێکیان بە "بووک" و ئەوەی دیکەش بە "لەشفرۆش" ناوزەندکراون. بووکەکە بەرانبەر زاوا (مەسیح) وەفادارە. لەشفرۆشەکە خیانەت لە مەسیح دەکات و بێوەفایە (ئش ١٧- ١٨).

7. ئەم نیشانەیە هاوتای وێنەی کەنیسەی لاودیکیایە. گوناهی ئەو باوەڕدارانە "شلەتێن" بوو، واتە نە گەرم بوو نە سارد (ئش ٣: ١٤- ٢٢). نەمانی خۆشەویستی لەنێوان باوەڕداراندا دەکرێت بەهۆی یەکێک لەم هۆکارانەوە بێت: (١) باوەڕداران زۆر بە خراپی دەچەوسێنرێنەوە. (٢) شەیتان باوەڕداران هەڵدەخەڵەتێنێت. (٣) باوەڕداران زۆتر بەدوای پارە و ئاسوودەیی مادیدا دەگەڕێن.

8. سەدەی بیست لە هەموو سەدەکانی دیکە زیاتر جەنگی گەورەی بە خۆیەوە بینیوە، لەوانە جەنگی جیهانگیری یەکەم و دووەم.

9. سەرنجبدە کە ئەم دوو هۆکارە چۆن پەیوەستن بەیەکەوە. زیادبوونی زانیاری (زانست) دەبێتە هۆی زیادبوونی گەشت. پێچەوانەکەشی ڕاستە، زیادبوونی گەشت دەبێتە هۆی زیادبوونی زانست و زانیاری.

10، 11. سەرهەڵدانی سییۆنیزم و بنیاتنانەوەی ئیسراییل و شەش ڕۆژ جەنگەکەی ساڵی ١٩٧٦، دەچنە چوارچێوەی پەرجووە مەزنەکانی مێژووی هاوچەرخ.

12. زۆری هێرشەکانی سەدەی ڕابردوو لەسەر کتێبی پیرۆز هاوشێوەی نەبووە و هیچ سەدەیەک بەو شێوەیە نەبووە. لەگەڵ ئەوەشدا، هەروەک چۆن کتێبی پیرۆز پێشوەخت پێشبینی کردووە کە سەرەڕای هێرشەکانیش بە تەواوی دەمێنێتەوە.

13، 15، 18. ڕاستی و دروستی ئەم نیشانانە ڕۆژانە لەلایەن ڕۆژنامەکانەوە سەلمێنراوە. بەراوردێک بکە لەنێوان (لۆ ١٧: ٢٦) و (پەی ٦: ٥، ١٢- ١٣). سێ سیما خراپەکەی لافاوەکی نووح بریتی بوو لە: (١) ئارەزوو و فکری خراپ. (٢) فەساد و گەندەڵی جنسی. (٣) توندوتیژی.

16. قاتوقڕی و ئافات زۆربەی کات بەیەکەوە سەرهەڵدەدەن، هەروەها زۆربەی کات بەهۆی جەنگەوە پەیدا دەبن.

17. ئامارەکانی سەدەی ڕابردوو ئاماژە بەوە دەکەن کە ژمارەی بومەلەرزەکان زیادیان کردووە.

19. کاری "ڕۆحی دژە مەسیح" (یە. یۆ ٤: ٣) دوو ڕووی هەیە: ١) لابردنی مەسیح لەو دەسەڵاتە هەرە بڵندەی کە یەزدان پێی بەخشیوە. ٢) دانانی کەسێکی دیکە لە جێگەی مەسیح. لەم ڕوانگەیەوە دەبینین کە ئایدۆلۆژیا سیاسییە سەرکییەکانی وەکو ئیسلام، فاشیزم و کۆمینیزم، لە سەدەکانی ڕابردوودا دژە مەسیح بوون. سەرەڕای ئەمەش، هەموو جیهان چاوەڕێی هاتنی کۆتا دژە مەسیحن کە لە (دوو. سا ٢: ٣- ١٢) باسی لێوەکراوە.

وانەی نۆزدەیەم

دامەزراندنی شانشینی مەسیح لەسەر زەوی

ناساندن

شانشینی عیسای مەسیح لەسەر زەوی بە حوکمدانی ئەوانە دەستپێدەکات کە بەزەیی خودایان ڕەتکردەوە و لە ماوەی ڕابردوودا دژی ویست و مەبەستی خودا وەستاونەتەوە. بەڵام لەلایەکی دیکەوە، ئەو باوەڕدارانەی لەکاتی هاتنی مەسیحدا زیندووکراونەتەوە یان بەشێوەیەکی نائاسایی گۆڕاون، لە شانشینەکەیدا چەندین پلەی جیاوازی دەسەڵاتیان پێدەدرێت. ئۆرشەلیم دەبێتە پایتەختی شانشینەکەی و بۆ ماوەی هەزار ساڵ لەسەر زەوی حوکمدەکات. لەو ماوەیەدا دادپەروەری و ئاشتی و خۆشگوزەرانی و زانیاری خودا لەسەر زەوی دەچەسپێنێت. لە کۆتایی حوکمڕانییەکەیدا، عیسای مەسیح خۆی و شانشینەکەی پێشکەشی خودای باوک دەکات.

لەبەرکردنی دەق: (دووەم تیمۆساوس ٢: ١١- ١٢)

تکایە هێمای ڕاست لەنێو ئەو چوارگەشەیەدا دابنێ ئەگەر هاتوو ئایەتەکەت لەبەرکرد. ☐

ڕۆژانە بەسەر بەسەر ئایەتی وانەکانی پێشوودا بچۆوە.

پرسیارەکانی وانەی نۆزدەیەم

A. حوکمدان و لێپرسینەوە دەستپێکی دامەزراندنی شانشینی مەسیحە

1. (دوو. سا ١: ٦- ١٠) وەسفی هاتنەوەی مەسیح بۆ سەر زەوی دەکات.

1) چۆن لەگەڵ خراپەکاران و سەرپێچیکارەکان هەڵسوکەوت دەکات؟ (ئایەتی ٨)

....

2) سزاکەیان چی دەبێت؟ (ئایەتی ٩)

....

2. دڕندەکە (دژە مەسیح) و مامۆستا درۆزنەکان چییان بەسەردێت؟ (ئش ١٩: ٢٠)

....

3. مەسیح چۆن حوکمی نەتەوەکانی سەر زەوی دەکات؟ (زەبوور ٢: ٧- ٩)

....

4. کاتێک عیسا تەختی شانشینەکەی لەسەر زەوی دادەمەزرێنێت، کێ لەبەردەمی بۆ لێپرسینەوە کۆ دەبێتەوە؟ (مت ٢٥: ٣١- ٣٢، یۆل ٣: ١- ٢)

....

5. ئەم نەتەوانە مەحکومدەکرێن بەهۆی شێوازی هەڵسوکەوتیان لەگەڵ چینێکی دیاریکراوی گەل. عیسا چۆن باسی ئەم چینە دەکات؟

1) (مت ٢٥: ٤٠) ....

2) (یۆل ٣: ٢) ....

6. پاداشتی دووقاتی ئەو نەتەوانە چییە کە داواکارییەکانی عیسایان جێبەجێکردووە؟

1) (مت ٢٥: ٣٤) ....

2) (مت ۲٥: ٤٦) ....

7. سزای ئەو نەتەوانە چییە کە داواکارییەکانی عیسایان پشتگوێ خستووە و جێبەجێیان نەکردووە؟

....

B. پێگەی باوەڕداران

8. ئەگەر لەپێناو مەسیح بەرگەی ئازار بگرین، دەتوانین چاوەڕێی کام دوو پاداشتە بکەین؟

1) (ڕۆما ۸: ۱۷) ....

2) دوو. تم ۲: ۱۲) ....

9. عیسا بەڵێنی چ پێگەیەکی بەو باوەڕدارانە دا کە دڵسۆزانە لەگەڵی بوون و شوێنی کەوتن؟ (مت ۱۹: ۲۷- ۲۸)

....

10. عیسای مەسیح ڕێگا بە چ جۆرە باوەڕدارێک دەدات کە لەگەڵ ئەو حوکمڕانی نەتەوەکان بکات؟ (ئش ۲: ۲٦- ۲۷)

....

11. دیاری دووقاتی ئەو باوەڕدارانە چییە کە لەبەر شایەتیان بۆ مەسیح، دژەمەسیح سەریان دەبڕێت؟ (ئش ۲۰: ٤- ٥)

1) ....

2) ....

12. عیسا نموونەی ئەو کۆیلانەی باسکرد کە گەورەکەیان کیسە زیوی پێدان تاکو بازرگانی پێوە بکەن (لۆ ۱۹: ۱۲- ۲۷).

1) دیاری ئەو کەسە چی بوو کە دە کیسە زیوی قازانج کردبوو؟ (لۆ ۱۹: ۱٦- ۱۷)

....

2) دیاری ئەو کەسە چی بوو کە پێنج کیسە زیوی قازانج کردبوو؟ (لۆ ١٩: ١٨- ١٩)

....

13. باسی دوو شت بکە کە باوەڕدارە زیندووبووەکان لە ڕۆژی دواییدا حوکمی بەسەردا دەدەن؟

3) (یە. کۆ ٦: ٢) ....

4) (یە. کۆ ٦: ٣) ....

C. پێداچوونەوەیەک بەسەر پێشبینییەکانی شانیشنی مەسیح

14. مەسیح بە چ جۆرە گۆچانێکی پاشایەتی حوکمدەکات؟ (زەبوور ٤٥: ٦، عب ١: ٨)

....

15. بۆچی خودا عیسای لەسەرووی هەموو کەسێکەوە دەستنیشانکرد؟ (زەبوور ٤٥: ٧، عب ١: ٩)

....

16. یەزدان بڕیاریدا هەتاهەتایە کوێ بکات بە نشینگەی خۆی؟ (زەبوور ١٣٢: ١٣- ١٤)

....

17. چ ناوێک بەو شوێنە دراوە کە یەزدان وەکو پاشا حوکمی تێدا دەکات؟ (ئی ٢٤: ٢٣)

1) (زەبوور ٤٨: ١- ٢) ....

2) (مت ٥: ٣٤- ٣٥) ....

18. لە ڕۆژانی دواییدا چ کێوێک لە هەموو کێوەکانی دەوروبەری بڵندتر دەکرێتەوە؟ (ئی ٢: ٢، می ٤: ١)

....

19. کێ بەرەو ئەو کێوە دەچێت؟ (ئی ٢: ٢، می ٤: ١)

....

20. خودا چی فێری ئەو نەتەوانە دەکات؟ (ئی ۲: ۳، می ٤: ۲)

....

21. ئەو دوو شتە چییە کە لە سییۆن و ئۆرشەلیمەوە دەردەچێت؟ (ئی ۲: ۳، می ٤: ۲)

1) ....

2) ....

22. کاتێک مەسیح نەتەوەکان حوکم دەدات، ئەو دوو شتە چییە کە چیتر ئەنجامی نادەن؟ (ئی ۲: ٤، می ٤: ۳)

1) ....

2) ....

23. هەموو ساڵێک بۆ چ جەژنێکی تایبەت نەتەوەکان دەچنە سەر ئەو کێوە؟ (زە ١٤: ١٦)

....

24. (زەبوورەکان ۷۲) باسی چەندین تایبەتمەندی جیاوازی حوکمڕانی نەوەی داود دەکات کە مەسیحە. بۆ نموونە:

1) چۆن حوکمی هەژاران دەکات؟ (ئایەتی ۲، ٤)

....

2) مەسیح کام سێ جۆرەی خەڵک ڕزگاردەکات؟ (ئایەتی ۱۲)

a) ....

b) ....

c) ....

3) چ جۆرە کەسێک لە سەردەمی حوکمڕانی مەسیحدا شکۆفە دەکات؟ (ئایەتی ۷)

....

4) لەو کاتەدا چ شتێک زۆر دەبێت؟ (ئایەتی ٧)

....

5) ئەو دوو شتە چییە کە هەموو نەتەوەکان بۆ مەسیحی ئەنجام دەدەن؟

a) (ئایەتی ١١) ....

b) (ئایەتی ١٧) ....

25. سێ ئەنجامە هەمیشەییەکەی مەسیح کامەیە کە بەهۆی حوکمڕانییە ڕاستودروستەکەیەوە بەدەستدێت؟ (ئی ٣٢: ١٧)

1) ....

2) ....

3) ....

26. حوکمڕانی مەسیح چەند ساڵ دەخایەنێت؟ (ئش ٢٠: ٤، ٥)

....

27. مەسیح لە کۆتایی حوکمڕانییەکەیدا چیدەکات؟ (یە. کۆ ١٥: ٢٤، ٢٨)

....

28. کۆتا مەبەستی خودا لە هەموو ئەمانە چییە؟ (یە. کۆ ١٥: ٢٨)

....

لەبەرکردنی دەق: (دووەم تیمۆساوس ٢: ١١- ١٢)

ئەم ئایەتە لەبەر بنووسەوە.

....

....

....

....

....

....

....

....

تکایه مەڕۆ لاپەڕەکەی دیکە تاکو وەڵامی هەموو پرسیارەکان دەدەیتەوە.

نمره و وەڵامی دروستی پرسیارەکانی وانەی نۆزدەیەم

پرسیار	وەڵام	نمره
1	1) سزایان دەدات 2) بە لەناوچوونی هەتاهەتایی سزایان دەدات دوور لە ئامادەبوونی پەروەردگار و شکۆی تواناکەی	1 2
2	بە زیندوویی فڕێدەدرێنە دەریاچەی ئاگر کە بە گۆگرد داگیرساوە	1
3	بە گۆچانێکی ئاسنین	1
4	هەموو نەتەوەکان	1
5	1) براکانم 2) گەلەکەم و میراتەکەم، ئیسراییل	1 2
6	1) پاشایەتی مەسیح بە میرات وەردەگرن 2) ژیانی هەتاهەتایی بەدەستدێنن	1 1
7	سزای ئەزەلی لە ئاگری ئەزەلی	2
8	1) پێکەوە لەگەڵ ئەو شکۆدار دەبین 2) لەگەڵ ئەو حوکم دەکەین	1 1
9	بەڵێنی پێدان کە لەسەر دوازدە تەختی پاشایی دادەنیشن و حوکمی دوازدە هۆزەکەی ئیسراییل دەکەن	2
10	ئەوەی سەربکەوێت و تا کۆتایی کارەکانی مەسیح بپارێزێت	2
11	1) لەگەڵ مەسیح بۆ ماوەی هەزار ساڵ پاشایاتی دەکەن 2) یەکەم جار هەڵدەستنەوە	1 1
12	1) بەڕێوەبردنی دە شار 2) بەڕێوەبردنی پێنج شار	1 1
13	1) جیهان 2) فریشتەکان	1 1
14	گۆچانی ڕاستودروستی	1
15	چونکە ڕاستوروستی خۆشدەوێت و ڕقی لە خراپەکارییە	2

1	سییۆن	16
1	1) کێوی سییۆن	17
1	2) ئۆرشەلیم	
1	کێوی ماڵی خودا	18
1	هەموو نەتەوەکان (گەلەکان)	19
1	ڕێگاکانی فێر ئەو نەتەوانە دەکات	20
1	1) شەریعەت	21
1	2) وشەی یەزدان	
1	1) هیچ نەتەوەیەک شمشێر لە نەتەوەیەکی دیکە هەڵناکێشێت	22
1	2) چیتر فێری جەنگ نابن	
1	جەژنی کەپرەشینە	23
1	1) بە دادپەروەری	24
	(2	
1	(a) نەدار	
1	(b) چەوسێنراو	
1	(c) ئەوەی یارمەتیدەری نییە	
1	3) ڕاستودروست	
1	4) ئاشتی	
	(5	
1	(a) خزمەتی دەکەن	
1	(b) خۆزگەی پێ دەخوازن	
1	1) ئاشتی	25
1	2) بێدەنگی	
1	3) دڵنیایی	
1	هەزار ساڵ	26
2	پاشایەتییەکە دەداتە خودای باوک، کاتێک هەمووی ملکەچ کرد	27

28	ببێته هەموو شتێک لە هەموو شتێکدا	1

سەیری ئەو پارچە کاغەزە بکە کە ئایەتەکانت لەسەر نووسیوە. ئەگەر ئایەتەکانت بەباشی لەبەرنەکردووە ئەوا کتێبی پیرۆز بکەوە و ئەوەندە بیانخوێنەوە هەتا بە جوانی لەبەریاندەکەیت.

ئەگەر بەباشی لەبەرتکردن ئەوا بۆ هەر ئایەتێک چوار نمرە وەردەگریت. هەر وشەیەکیش بە هەڵە بنووسیت، نمرەیەکت لێ کەم دەبێتەوە. ئەگەر سێ هەڵەت کردبوو ئەوا هیچ نمرەیەک بەدەستناهێنیت.

پرسیارەکان دوو ئایەت	54 نمرە 8 نمرە
کۆی گشتی نمرەکان	62 نمرە

هەڵسەنگاندن: ٣١ وەڵامی دروست= ٥٠٪. ٤٣ وەڵامی دروست= ٧٠٪. ٥٠ وەڵامی دروست= ٨٠٪

تێبینیی وەڵامە دروستەکانی وانەی نۆزدەیەم

ئەم ژمارانەی خوارەوە پەیوەندی بە ژمارەی وەڵامە ڕاستەکانەوە هەیە.

1. (دوو. سا ١: ٦- ١٠) شکۆ و هێزی هاتنی مەسیح نیشاندەدات. هەموو دوژمنەکانی بۆ هەتاهەتایە لەناودەچن بەڵام شکۆی مەسیح لە فریشتەکانی یاوەری و ئەو باوەڕدارانەدا دەبینرێت کە بۆ پێشوازی لێکردنی هاتوون (یە. سا ٤: ١٦- ١٧).

2. (ئش ١٣) باس لەوە دەکات کە لەکاتی نزیکبوونەوەی کۆتاییهاتنی ئەم ڕۆژگارە کەسێکی زۆر خراپ و بەهێز و دەسەڵاتدار پەیدادەبێت کە بە "دڕندەکە" ناودەبرێت. هەروەها پێی دەوترێت "مرۆڤی سەرپێچی، کوڕی وێران" (دوو. سا ٢: ٣) و "دژە مەسیح" (یە. یۆ ٢: ١٨). لەلایەن دەسەڵاتدارێکی خراپی ئایینیەوە پشتگیری لێدەکرێت کە پێی دەوترێت "پێغەمبەری درۆزن" (ئش ١٦: ١٣). ئەو دوانە (دژە مەسیح و پێغەمبەری درۆزن) هەوڵدەدەن شوێنکەوتوانی مەسیح لەناوببەن. سەیری (دان ٨: ٢٣- ٢٥) بکە.

3. (ئش ١٩: ١١- ١٥) باس لە هاتنی مەسیح دەکات وەکو پاشا و دادوەر، کە دەسەڵات و هێزێکی باڵای هەیە لە ڕووبەڕووبونەوەی خراپەدا.

4- 7. حوکمدانی نەتەوەکان لێرەدا بڕیار لەسەر ئەوە دەدات کە کام نەتەوە دەچێتە شانشینی مەسیح و کامەیان دەکرێنە دەرەوەی شانشینەکە. بنەمای حوکمدانەکەیان بریتی دەبێت لە شێوازی هەڵسوکەوتیان لەگەڵ براکانی مەسیح، گەلی ئیسرائیل. مەسیح هەموو شتێک لەبەرچاو دەگرێت کە لەبەرانبەر ئیسرائیلدا کرابێت، جا باش بێت یان خراپ وەکو ئەوەی کە بەرانبەر خۆی کرابێت.

8- 13. کاتێک عیسا دەگەڕێتەوە و شانشینەکەی دادەمەزرێنێت، ئەو باوەڕدارانەی کە دڵسۆزانە خزمەتیان کردووە لەسەر زەوی، بەرزدەکرێنەوە و دەسەڵاتیان دەدرێتێ و قەدرگران دەبن. لەگەڵ مەسیحدا بەشداردەبن لە بەڕێوەبردنی جیهاندا. سەیری (ئش ٣: ٢١) بکە. دیاریکردنی ئاستی دەسەڵات و ڕێز و شکۆی باوەڕداران لەکاتی گەڕانەوەی مەسیحدا بەندە بە دڵسۆزییان لە خزمەتکردنی مەسیح لەم سەردەمەدا،

14- 15. ڕاستودروستی کە تایبەتمەندەی تایبەتی کەسایەتی مەسیحە لە شانشینەکەیدا ڕەنگدەداتەوە. بەبێ ڕاستودروستی ئاشتی ڕاستەقینە بوونی نییە و بەردەوام نابێت. سەیری (ڕۆ ١٤: ١٧) بکە.

16- 17. پایتەختی پاشایەتی مەسیحی پەروەردگار سییۆن یان ئۆرشەلیمە. ئەمە هۆکارێکی گرنگە کە دەبێت نوێژ بۆ ئاشتی ئۆرشەلیم بکەین. سەیری (زەبوو ١٢٢: ٦) بکە. تا ئاشتی لە ئۆرشەلیمدا بەرقەرار نەبێت، جیهان ئاشتی بە خۆیەوە نابینێت.

18. لە ئێستادا کێوی سییۆن نزمترە لە کێوەکانی دەوروبەری، بەڵام لەکاتی هاتنی عیسای پەروەردگاردا، گۆڕانکاری مەزنی جوگرافیایی ڕوودەدات و دەبێتە هۆی ئەوەی کە کێوی سییۆن لە هەموو کێوەکانی دەوروبەری بڵندتر بێت. سەیری (زە ١٤: ٣- ١١) بکە.

19- 23. ئەوکات ئۆرشەلیم دەبێتە ناوەندی جیهان بۆ پەرەستن و حوکمڕانی و ڕێنمایی بۆ پەرستنی یەزدان. ئەمە دەبێتە هۆی نەمانی چەک و تەقەمەنی و ئاشتی هەتاهەتایی دەچەسپێت.

24، 25. ئەمانە تایبەتمەندییە سەرەکییەکانی پاشایەتی مەسیحن: ڕاستودروستی، دادپەروەری، ئاشتی، خۆشگوزەرانی و دانپێدانانی جیهان بە مەسیح وەک حوکمڕانی دیاریکراوی یەزدان. دامەزراندن و چەسپاندنی پاشایەتی مەسیح تاکە چارەسەری هەقیقی نەهێشتنی نەخۆشی، دەرد، ئافات، نادادپەروەری و جەنگە.

26. کاتی تەواوی پاشایەتی مەسیح شەش جار لە پەرتوکی ئاشکراکردندا ئاماژەی پێکراوە، (ئاشکراکردن ٢٠: ٢، ٣، ٤، ٥، ٦، ٧).

27، 28. پێدانی پاشایەتی مەسیح بە خودای باوک، ئەو بنەمایە بەدیدێنێت کە لە (ڕۆ ١١: ٣٦)دا هاتووە. خودای باوک سەرچاوەی هەموو شتێکە و هەموو شتێکدا بەهۆی ئەو بەدیدێت. لەگەڵ ئەمەشدا، یەزدان لەڕێگەی مەسیحی کوڕیەوە لەگەڵ جیهان پەیوەندی بەرقەرار کرد.

کۆتا هەڵسەنگاندنی گەشەسەندن

پیرۆزە خوێنەری ئازیز! تۆ ئێستا نۆزدە وانەت تەواوکردووە. تاکە وانەیەک کە ماوە بریتییە لە مەشقی جێبەجێکردنی تاکەکەسی. کاتی ئەوەیە کە بوەستین و بزانین چیمان کردووە.

بینیت کە وشەی خودا و ڕۆحی خودا چۆن پێکەوە کاردەکەن. هەروەها بۆت دەرکەوت کە دەتوانێت تەیار و ئامادەت بکات بۆ ئەوەی سەرکەوتوو و دڵسۆز بیت لە خزمەتکردنی مەسیحدا.

لە چوارەم وانەدا، فێری گرنگی و نرخی تەعمیدکردنی ئاو بوویت. هەروەها لە وانەی دە و یازدەدا بۆت دەرکەوت کە بەرپرسیارییەتی ئەوەت لەسەرە کە بە درێژایی سەدەکان شوێنت لە ڕیزی درێژ و شکۆداری شایەتی خودادا جێگیر بکەیت، فێری ئەوەش بوویت کە خودا پێویستییە مادییەکانت دابین دەکات و بەرەکەتی مادیت بەسەردا دەڕێژێت.

بینیت کە چۆن دەستنیشانکردنەکەی مەسیح چارەسەرێکی خودایی دەستەبەرکرد بۆ گوناە و نەخۆشی کە دوو کێشەی بنەڕەتی مرۆڤن. فێری ئەوە بوویت کە چۆن ئەم چارەسەرە لە ژیانی خۆت و کەسانی دیکەشدا جیبەجێ بکەیت.

گەڕایتەوە سەر ماستەرپلانی مێژوو کە لە ئیبراهیمی سادەوە دەست پێکرد و پێغەمبەران و فەرمانڕەواکانی ئیسرائیلیت تێپەڕاند و گەیشتیتە دەرکەوتنی مەسیحی بەڵێنپێدراو.

لە کۆتاییدا، بەکورتی باسی کۆتایی ئەم ڕۆژگارەمان کرد؛ ئەو کاتەی کە خودی مەسیح بە هێز و شکۆوە دەگەڕێتەوە سەر زەوی تاکو پاشایەتییەکەی دابمەزرێنێت.

لە کاتی خوێندنی ئەوانەی کە باسمان کردن، بەناو کتێبی پیرۆزدا بەدوای وەڵامی **٦٥٠** پرسیاردا گەڕاوی. هەروەها بەڵێن و بڕیارت داوە کە **٢٧** ئایەتی گرنگ لەبەربکەیت.

ئێستاش وانەی بیست چاوەڕێتە! بەڵام پێش ئەوی بڕۆیتە سەر کۆتا وانە، تکایە بەباشی لاپەڕەی دواتر بخوێنەوە کە بریتییە لە کۆتا پێداچوونەوە.

پێداچوونەوەی کۆتایی

پێش ئەوەی بچیتە سەر وانەی بیستەم کە کۆتا وانەیە، دەبێت دڵنیابیت لەوەی کە بەباشی لە هەموو بابەتە پڕ زانیارییەکانی وانەکانی حەڤدە تا نۆزدە تێگەیشتوویت. تا باشتر لەو چەند وانەیە تێبگەیت باشتر دەتوانیت لە وانەی کۆتایی تێبگەیت کە بریتییە لە کۆتا جێبەجێکردنی تاکەکەسی.

ئەو شێوازەی لەم پێداچوونەوەیەدا پەیڕەودەکرێت، هەروەکو سێ پێداچوونەوەکانی پێشترە.

یەکەم: پێداچوونەوەیەکی ورد بکە لەسەر پرسیار و وەڵامەکانی پێنج وانەی پێشتر. بزانە ئایا لە پرسیارەکان تێدەگەیت و وەڵامەکانیان بەباشی دەزانیت.

دووەم: بەسەر ئەو دەقانەی کتێبی پیرۆزدا بچۆوە کە لەم سێ وانەیەدا لەبەرتکردوون.

سێیەم: بەوردی ئەم پرسیارانەی خوارەوە بخوێنەوە و سەرنجی وەڵامەکانیان بدە. پرسیارەکان پەیوەستن بەو وانانەی کە تا ئێستا خوێندوومانن.

1. ئەو شتە سەرەکییانە چین کە دەبێت ئەنجامی بدەیت بۆ خۆ ئامادەکردنت بۆ هاتنەوەی مەسیح.
2. دە نیشانەی جیهان بنووسە کە دەریدەخەن هاتنەوەی مەسیح نزیکە.
3. "کراسی کەتانی ناسکی پاک و پرشنگداری بووک" لە (ئش ١٩: ٨) بۆ چی دەگەڕێتەوە؟ ئایا جلەکانی تۆ ئامادەیە؟
4. لەکاتی زیندووبوونەوەدا بە چ شێوەیەک دەگۆڕدرێی؟

لەسەر پارچە کاغەزێکی جیاواز وەڵامی ئەو پرسیارانەی سەرەوە بنووسە.

تێبینی: وەڵامی ئەم پرسیارانەی سەرەوە هیچ نمرەیەکی لەسەر نییە، تەنیا مەبەستمان ئەوەیە کە دڵنیابیت لەوەی کە ئەوەی فێربوویت بە باشی لە مێشک و دڵتدا چەسپاوە. لە دوای ئەنجامدانی ئەو شتانەی کە لێرەدا باسمان کردوون، تکایە بڕۆ بۆ وانەی حەڤدەیەم.

وانەی بیستەم

پێداچوونەوە و جێبەجێکردنی تاکەکەسی (شەخسی)

ناساندن

ئامانج لەم کۆتا وانەیە ئەوەیە کە ئەو ڕاستییە گرنگانەی کە فێری بوویت، بەباشی لە مێشکتدا بچەسپێت. ئەگەر دەتەوێت ئەو شتانەت بیرنەچێتەوە کە خوێندووتن و هەروەها تاهەتایە لە مێشکتدا بمێننەوە، ئەوا دەبێت دووبارە بیانخوێنیت و بەسەریاندا بچیتەوە.

لەڕێگەی هەنگاو بە هەنگاو ڕۆیشتنت بەناو ئەم وانەیەدا، ئەو سوود و بەرەکەتەی کە لەم خولەت وەرگرتووە زیاد دەکات. هەروەها خۆت بەتایبەتی بۆتدەردەکەوێت کە لەم ڕامانەوە چەندە فێربوویت. بیرت نەچێت کە بەسەر ئەو ئایەتانەشدا بچۆوە کە لەبەرتکردوون.

لەبەرکردنی دەق: (یاقوب ١: ٢٥)

تکایە هێمای ڕاست لەنێو ئەو چوارگەشەیەدا دابنێ ئەگەر هاتوو ئایەتەکەت لەبەرکرد.

ڕۆژانە بەسەر بەسەر ئایەتی وانەکانی پێشوودا بچۆوە.

پێش ئەوەی بچینە سەر پرسیارەکان، تکایە ئەمانە لەبەرچاو بگرە:

یەکەم: بەسەر پرسیار و وەڵامەکانی هەر نۆزدە وانەکەی پێشتردا بچۆوە. دڵنیابە لەوەی کە وەڵامی دروستی هەموو پرسیارەکان دەزانیت.

دووەم: بەسەر هەموو ئەو ئایەتانەدا بچۆوە کە لەبەرتکردوون.

سێیەم: وەڵامی (بەشی A و بەشی B) بدەوە.

پرسیارەکانی وانەی بیستەم

A. لە خوارەوە باسی چوار ڕاستی گرنگی کتێبی پیرۆز بکە کە لەم خولەوە فێری بوویت. لە هەر یەکێکیاندا ئاماژە بەو ئایەتەش بکە کە ئەو ڕاستییەی تێدا باسکراوە.

ڕاستی یەکەم

....
....
....
....
....
....

ئایەتی کتێبی پیرۆز

....
....

ڕاستی دووەم

....
....
....
....

....

....

ئایەتی کتێبی پیرۆز

....

....

ڕاستی سێیەم

....

....

....

....

....

ئایەتی کتێبی پیرۆز

....

ڕاستی چوارەم

....

....

....

....

....

....

ئایەتی کتێبی پیرۆز

....

....

B. لە خوارەوە بەکورتی باسی ئەو گۆڕانکارییە گرنگانەی ژیانت بکە کە بەهۆی خوێندنی ئەم ڕامانەی کتێبی پیرۆزەوە ڕوویانداوە.

....
....
....
....
....
....
....
....

تێبینی: هەردوو بەشی (A, B) هیچ نمرەیەکی لەسەر نییە.

لەبەرکردنی دەق: (یاقوب ١: ٢٥)

ئەم ئایەتە لەبەر بنووسەوە.

....
....
....
....

سەیری ئەو پارچە کاغەزە بکە کە ئایەتەکەت لەسەری نووسیوە. ئەگەر ئایەتەکەت بەباشی لەبەرنەکردووە ئەوا کتێبی پیرۆز بکەوە و ئەوەندە بیخوێنەوە هەتا بە جوانی لەبەریدەکەیت.

ئەگەر بەباشی لەبەرتکرد ئەوا چوار نمرە وەردەگریت. هەر وشەیەکیش بە هەڵە بنووسیت، نمرەیەکت لێ کەم دەبێتەوە. ئەگەر سێ هەڵەت کردبوو ئەوا هیچ نمرەیەک بەدەستناهێنیت.

پرسیارەکان	-
یەک ئایەت	4 نمرە
کۆی گشتی نمرەکان	4 نمرە

بەهۆی نەبوونی پرسیاری وەکو وانەکانی دیکە هەڵسەنگاندنمان نییە.

کۆی نمرەی وانەکان

لە خوارەوە ئەو نمرانە بنووسە کە بۆ هەر وانەیەک بەدەستت هێناوە. لەکۆتاییدا هەموویان کۆبکەوە و بەپێی ئەو هەڵسەنگاندنەی کە نووسراوە لێکی بدەوە بزانە چ ئاستێک بەدەستدێنێت لەنێوان دەرچوون و زۆر باشە و نایاب.

وانەکان	نمرەکان	ئەو نمرەیەی کە تۆ بەدەستتهێناوە
وانەی یەکەم	49	
وانەی دووەم	54	
وانەی سێیەم	38	
وانەی چوارەم	36	
وانەی پێنجەم	38	
وانەی شەشەم	59	
وانەی حەوتەم	49	
وانەی هەشتەم	40	
وانەی نۆیەم	44	
وانەی دەیەم	44	
وانەی یازدەیەم	47	
وانەی دوازدەیەم	54	
وانەی سێزدەیەم	48	
وانەی چواردەیەم	51	
وانەی پازدەیەم	61	
وانەی شازدەیەم	33	
وانەی حەڤدەیەم	43	
وانەی هەژدەیەم	23	

وانەی نۆزدەیەم	62	
وانەی بیستەم	4	
کۆی گشتی	877	

ئاستەکان بەم جۆرەیە:

دەرچوون= **٥٠٪** و بەرەو سەر (**٤٣٩** نمرە)

زۆر باشە= **٧٠٪** و بەرەو سەر (**٦١٤** نمرە)

نایاب= **٨٠٪** و بەرەو سەر (**٧٠٢** نمرە)

پیرۆزبایی کۆتایی

خوێنەری ئازیز، زۆر سوپاسی یەزدان دەکەین کە تا کۆتایی بەردەوام بوویت و پیرۆزباییت لێدەکەین کە سەرکەوتوانە ئەم خولە پڕ سوود و زانیارییەت بڕی.

لە مەسیحی پەروەردگار دەپاڕێینەوە کە ئەم ڕامانە تاکەکەسییەی کتێبی پیرۆز ببێتە مایەی گۆڕانکاری لە ژیانتدا و بە ئاراستەی ناسینی زیاتری پەروەردگارمان بچیت.

بەرەکەت و نیعمەتی عیسای مەسیح لەسەر هەموو لایەکمان بێت!

... کۆتایی ...